Le bonheur est entre vos mains

Dzigar Kongtrül Rinpoché

Le bonheur est entre vos mains

Petit guide du bouddhisme à l'usage de tous

Traduit de l'américain par Carisse Busquet
Préface de Matthieu Ricard

Marabout

Titre original : *It's Up to You,* Dzigar Kongtrül Rinpoché, 2005
(édition originale : Shambhala Publications, Inc., Boston).

Ce livre est dédié
à l'Éveil de tous les êtres sensibles,
nos mères d'antan.
Il est dédié à la longue vie des détenteurs
de lignée de toutes les traditions de sagesse.
Puisse la paix, fruit de l'intelligence
et de la compassion,
régner à travers le monde.

SOMMAIRE

TROISIÈME PARTIE

Trouver sa place dans le monde

Préface de Matthieu Ricard

Dzigar Kongtrül Rinpoché n'est pas seulement un fils de cœur de Dilgo Khyentsé Rinpoché, mon maître-racine[1], mais il est également l'un de mes maîtres. Écrire cette préface m'apparaît donc aussi vain et déplacé que de gratter une allumette en plein jour. Toutefois, comme il m'est impossible de rejeter sa demande, toute de gentillesse et d'estime, je vais essayer de vous expliquer en quelques mots quel impact ses enseignements ont eu sur nombre d'entre nous.

Les enseignements de Dzigar Kongtrül Rinpoché sont d'une actualité et d'une pertinence qui conviennent remarquablement à l'esprit des Occidentaux, sans être pour autant une adaptation appauvrie des paroles du Bouddha. Ils en constituent au contraire une expression authentique, formulée selon des modalités et avec un choix de mots qui sont le reflet de sa longue expérience du monde occidental. Une adaptation est souvent un compromis qui s'empresse de dépouiller la pratique bouddhiste de ses méthodes les plus

---

1. Le maître-racine est le maître actuel du disciple. Il est le dépositaire vivant de la sagesse des enseignements bouddhistes, et à ce titre, véritable catalyseur spirituel, il est celui qui guide le disciple sur la voie. *(N.d.T.)*

puissantes et les plus essentielles : nous sommes amenés à sélectionner les points les plus séduisants du Dharma[1] et à rejeter ceux qui sont jugés contraignants. Cela revient à refuser un médicament puissant mais parfaitement approprié pour se contenter d'appliquer un baume apaisant sur la partie endolorie. Nos points de résistance sont précisément ceux sur lesquels il nous faut travailler parce qu'ils concernent directement les causes les plus profondes de notre souffrance.

Ainsi, si le « moi » existait vraiment, s'en débarrasser serait aussi douloureux et inutile que de s'extirper le cœur de la poitrine. Mais s'il s'avère que l'attachement à l'ego est une perception fondamentalement erronée, qui est la racine même de notre souffrance, dans ce cas, s'en dépouiller n'est plus un problème ! Dans cet ouvrage, Kongtrül Rinpoché démontre avec une clarté implacable comment l'identification à un moi solide, et le sentiment d'amour-propre qui en résulte, offrent une cible facile aux flèches douloureuses de la colère, de l'obsession, de l'orgueil et de la jalousie.

De même, l'idée de renoncement nous met mal à l'aise ; si cela signifie s'abstenir de ce qui est vraiment bon, il est clair qu'il serait absurde de s'en priver. Mais s'il s'agit simplement d'abandonner les causes mêmes de la souffrance, comment alors ne pas ressentir un grand enthousiasme et s'y atteler sans délai ? Le voyageur fatigué qui s'aperçoit que la moitié de son sac à dos était rempli de lourdes pierres n'est-il pas soulagé de s'en délester ?

L'authenticité des enseignements de Dzigar Kongtrül Rinpoché est attestée par la dévotion inconditionnelle qu'il porte à ses maîtres spirituels, par l'importance capitale qu'il

---

1. Ce terme désigne d'une manière générale les enseignements du Bouddha et la voie vers l'Éveil. *(N.d.T.)*

accorde à la *bodhicitta*[1], l'esprit d'Éveil altruiste, et par l'attitude de pure bonté qu'il cultive sans trêve et qui permet de comprendre, selon l'expression des grands sages, que « tout ce qui n'a pas pour but de faire le bien d'autrui ne vaut pas la peine d'être entrepris ».

Ayant été moi-même profondément inspiré par les conseils prodigués dans cet ouvrage, je ne puis que vous encourager à les étudier et à les mettre en pratique. Laissons maintenant les propos de Dzigar Kongtrül Rinpoché parler d'eux-mêmes.

---

1. La *bodhicitta*, ou esprit d'Éveil altruiste, est la notion centrale du bouddhisme du Grand Véhicule (Mahayana) et du Véhicule de Diamant (Vajrayana) ; il s'agit de faire le vœu d'atteindre l'Éveil pour conduire tous les êtres à l'état de Bouddha. *(N.d.T.)* Voir aussi la note de l'auteur au chapitre 15, p. 179.

AVANT-PROPOS DE PÉMA CHEUDREUN

C'est au printemps 2000 que j'ai entendu pour la première fois Dzigar Kongtrül Rinpoché. J'ai gardé un souvenir très vif de son exposé parce qu'il a réveillé en moi quelque chose que je n'avais plus éprouvé avec la même intensité depuis la disparition de mon premier maître, Chögyam Trungpa Rinpoché, en 1987.

J'avais le sentiment de retrouver une dimension d'ouverture sur la réalité, comme si j'avais tourné en rond dans une petite pièce sombre dont les murs, le plancher et le plafond auraient brusquement disparu, faisant place à une liberté simple et directe. Je me souviens avoir pensé : « Oui ! C'est ainsi que les choses ont toujours été ! » Je savais également que cette expérience était à la portée de tout le monde et que Rinpoché[1] était précisément en train de donner des instructions claires sur la façon de la réaliser. J'écoutais, rempli d'un enthousiasme joyeux, tout en sentant clairement que Rinpoché était mon lien personnel avec cette liberté et que je devais me rapprocher de lui pour en savoir davantage.

Plus tard, après avoir écouté nombre de ses enseignements, j'ai essayé de définir avec exactitude les différentes raisons de

1. Rinpoché est un terme tibétain qui signifie « chargé de précieuses qualités ». C'est à la fois un titre et une fonction. (*N.d.T.*)

cette résonance si profonde. Il y a d'abord l'entraînement intensif reçu de maîtres d'une sagesse et d'une authenticité hors du commun. L'étendue de ses connaissances et des bénédictions des maîtres de la lignée[1] jaillissent avec éclat dans ses exposés. Il y a aussi son expérience de la vie, caractérisée par le fait qu'il ne campe pas sur ses positions, mais qu'il accepte toujours le défi en allant au-delà de ce qui est rassurant et prévisible. Son audace et son intrépidité sont contagieuses, au même titre que sa bienveillance, sa bonté, son humilité et son humour. De plus, il s'est tout entier plongé dans la culture occidentale. Il connaît intimement l'esprit de ses étudiants parce qu'il sait se mettre à leur place. Sa franchise est presque impitoyable. On sent qu'il vous comprend et vous apprécie à votre juste valeur, mais qu'il ne vous passera rien et que si vous essayez de vous retrancher en vous-même ou de faire marche arrière, il vous mettra en face de vos faux-fuyants.

Quelle que soit la magie des ingrédients, je ne suis certainement pas le seul à être soutenu et encouragé par les enseignements de Dzigar Kongtrül Rinpoché. Nombre de ses étudiants qui ont pris ses paroles à cœur et les ont mises en pratique dans leur vie quotidienne ont vu leur existence transformée.

Il y a environ un an, certains d'entre nous ont demandé à Rinpoché s'il consentirait à rassembler les enseignements qu'il avait donnés tous les dimanches matin pour en faire un

---

1. Les maîtres de la lignée sont tous les grands maîtres spirituels qui ont atteint l'Éveil. Ils sont les détenteurs d'une tradition ou d'une école philosophique particulière, ininterrompue depuis le Bouddha originel et dont la transmission des textes et enseignements s'est maintenue intacte jusqu'à aujourd'hui. Ils constituent une puissante source d'inspiration pour les disciples. (*N.d.T.*)

livre. Nous savions que, faute d'être couchées par écrit, ses paroles risquaient de se perdre ; en outre, leur publication permettrait d'élargir au maximum notre public et de partager notre expérience.

Au début, ce projet ne parut pas intéresser Rinpoché qui nous déclara préférer garder une audience restreinte, et voir de véritables changements s'opérer dans le cœur des étudiants les plus sincèrement déterminés à approfondir ses instructions. Mais avec la détérioration de la situation mondiale, nous le pressâmes de nouveau. Un jour, de façon totalement inattendue, et pour notre plus grande joie, il dit : « Allons-y ! »

Puissiez-vous bénéficier de la sagesse et de la clarté de Rinpoché autant que cela m'a été donné ; puisse cet ouvrage créer un lien personnel entre vous et un maître contemporain, entre vous et le Dharma vivant !

PRÉFACE DE L'AUTEUR

Ces enseignements ont été inspirés par les questions et les attentes de mes étudiants qui s'efforcent d'intégrer une authentique pratique spirituelle dans leur vie. Bien qu'ils soient profondément ancrés dans la tradition bouddhiste que j'ai reçue de mes maîtres spirituels, je ne considère pas qu'ils constituent des enseignements traditionnels au sens propre du terme. À mes yeux, ils sont davantage le fruit de ma propre contemplation et de mes expériences méditatives de la vue pénétrante[1], ou analyse approfondie des phénomènes qui permet d'en révéler la nature ultime, la vacuité. Ils ont aussi pour but d'encourager chacun à s'engager avec joie dans une sincère réflexion personnelle afin d'acquérir une meilleure compréhension de ce que représente le chemin spirituel. En dernier lieu, tous les enseignements, qu'ils soient traditionnels ou informels, ont une seule finalité : réduire le sentiment de l'importance de soi, ou amour-propre, et laisser apparaître l'espace intérieur nécessaire à la manifestation de la réalisation.

Le bonheur est entre vos mains a été rédigé à partir d'une série de discussions téléphoniques hebdomadaires avec mes étudiants. Ces conversations, qui représentent pour nous tous un moyen de maintenir un contact régulier, sont pour

1. En sanscrit, *Vipashyana*. (*N.d.T.*)

moi autant de « liens personnels ». En outre, elles nous permettent d'accéder directement à la vue pénétrante et à la pratique.

Puissent les maîtres de la lignée, les mères dakinis[1] et les grands érudits me pardonner les erreurs qui se seraient glissées dans cet ouvrage. Et vous, lecteurs, je vous invite à en tirer tout ce qui vous paraît utile !

1. Le mot « dakini » désigne le principe féminin qui représente la sagesse de la vacuité. On distingue les *dakinis* ordinaires, qui ont un certain degré de pouvoir spirituel, et les *dakinis* de sagesse, qui possèdent la réalisation totale. (*N.d.T.*)

༄༅། །ཀུན་བཟང་རྡོ་རྗེ་སེམས་དང་རྡོ་རྗེ་ཆོས། །

དགོངས་བརྒྱུད་བླ་མ་རྣམས་ཀྱི་ཤིས་པ་སྩོལ། །

དགའ་རབ་རྡོ་རྗེ་དང་འཇམ་དཔལ་བཤེས་གཉེན་དང་། །

ཤྲཱི་སེང་ཛྙཱན་སུ་ཏྲ་བི་མ་ལ། །

པདྨ་སཾ་བྷ་བརྡ་བརྒྱུད་བླ་མའི་ཚོགས། །

བྱིན་རླབས་ཐུགས་རྗེ་ཡེ་ཤེས་རྗེས་གཟུང་མཛོད། །

མངའ་བདག་ཡབ་སྲས་ལོ་ཆེན་བཻ་རོ་རྗེ། །

མཁའ་འགྲོའི་གཙོ་མོ་བདེ་ཆེན་རྒྱལ་མོ་དང་། །

སྙན་བརྒྱུད་བླ་མ་མུ་ཏིག་ཕྲེང་བའི་ཞལ། །

ཐུགས་བརྒྱུད་དགོངས་པའི་བྱིན་རླབས་འཆར་ཐེབས་སྩོལ། །

སྙིགས་དུས་རྒྱལ་བ་གཉིས་པ་གླིང་ཆེན་པ། །

འཇིགས་གླིང་མཁྱེན་བརྩེ་འཇམ་མགོན་ཆོས་ཀྱི་རྗེ། །

ཀུན་སྤངས་དཔལ་སྤྲུལ་གཏེར་ཆེན་མཆོག་གླིང་སོགས། །

རྩ་བརྒྱུད་བླ་མས་བྱིན་རླབས་སྙིང་དབུས་སྩོལ། །

འཇིག་རྟེན་མིག་གཅིག་མཁྱེན་བརྩེའི་བློས་གར་རྗེ། །

Supplique aux maîtres de la lignée du Longchen Nyingthik

Samantabhadra, Vajrasattva et Vajradharma,
Maîtres de la lignée de l'Esprit,
Que toutes conditions soient propices !

Garab Dorjé, Manjushrimitra,
Shri Singha, Jnanasoutra, Vimalamitra,
Padmasambhava, et vous, cortège des maîtres de la lignée symbolique,
Que vos bénédictions, votre compassion
Et votre sagesse me protègent.

Trisong Detsèn, roi du Dharma, et vos fils,
Vairotsana, éminent traducteur,
Maîtresse des Dakinis, reine de Grande Félicité,
Maîtres de la lignée des Auditeurs,
Perles du rosaire,
Répandez les bénédictions de votre Esprit de Sagesse.

Longchènpa, second Bouddha de cet âge de déchéance,
Jigmé Lingpa, Khyentsé Wangpo, Jamgueun Kongtrül,
Seigneur du Dharma,
Patrul, le renonçant, Choguiur Lingpa, grand découvreur
De trésors spirituels,
Et vous, innombrables maîtres-racines
Et maîtres de lignées,
Que vos bénédictions emplissent mon cœur.

འཇིག་རྟེན་མགོན་གཅིག་རྒྱལ་དབང་བསྟན་འཛིན་ཞབས། །
འཇིག་རྟེན་ཆོས་ཀྱི་གཞིས་གཉེན་འཛམ་རྫོར་སོགས། །
འཇིག་རྟེན་རྟུལ་བྲལ་བདག་གི་བླ་མ་རྣམས། །
ཐུགས་རྗེའི་དགོངས་ལ་ཡེ་ཤེས་སྤྱན་གྱིས་གཟིགས། །
བདག་ནི་སྨོངས་རྟུལ་འདུ་གསུམ་སྨུ་ཏོ་ལ། །
དམ་པའི་ཆོས་ཀྱི་སྒྲོ་འབྱེད་གལ་སྲིད། །
འོན་ཀྱང་སྟོན་བསགས་བསོད་ནམས་མ་དམན་པས། །
ཡེ་ཤེས་སྤྱན་ལྡན་རྒྱལ་རྣམ་ཞལ་མཇལ་དང་། །
གསུང་གི་དོན་ཀླག་བསྐལ་བཟང་གྱུར་པ་དང་། །

སེམས་བསྐྱེད་རྣམ་དག་བླ་མའི་བཀའ་བསྒྲུབ་ཕྱིར། །
མ་གྱུར་འགྲོ་ལ་ཕན་པའི་ངག་སྨྲོལ་རྣམས། །
ཕྱོགས་འགྲིགས་བཀོད་པའི་གཟུགས་བརྙན་སྤྱོད་ཚུང་འདི། །
གང་གི་མཐོང་ཐོས་དྲན་རེག་གྱུར་ཚད་ཀུན། །
རྒྱལ་རྣམས་ཁྱེད་ཀྱི་གདུལ་བྱར་རིམ་གྱུར་ནས། །
དོན་གཉིས་ལྷུན་གྲུབ་རྫོགས་བྱང་ཐོབ་པར་ཤོག །
ཀོང་སྤྲུལ་པས་མངྒ་ལཾ།།

Seigneur, émanation de Khyentsé, unique œil du monde,
Tendzin Gyatso, puissant souverain, protecteur des univers,
Jamyang Dorjé, maître du Dharma en ce monde,
Et vous, mes maîtres, libres des erreurs mondaines :
Que votre regard de compassion et de sagesse
Se pose sur moi.
Pensez à moi avec bonté !

Comment un individu obtus et borné comme moi,
Comment un bon à rien qui mange, dort et défèque
Pourrait-il introduire quiconque au Dharma ?
Le mérite accumulé lors de mes vies passées
N'est donc pas si minime

Puisque je vous ai rencontrés,
Vous les bouddhas aux regards de Sagesse,
Et que j'ai eu la chance unique
D'étudier le sens de vos enseignements.

Donc, animé de la plus pure intention
Et en accord avec l'exigence de mon maître,
J'ai, dans ce petit livret, parodie de compilation,
Essayé tant bien que mal de venir en aide aux êtres,
Mes mères bien-aimées.

Que tous ceux qui le regardent, l'entendent
Ou le contemplent
Deviennent peu à peu les disciples des bouddhas,
Accomplissent spontanément le double but[1]
Et atteignent le parfait Éveil.

Écrit par Dzigar Kongtrül Jigmé Namguiel.
Mangalam !
Traduit du tibétain par John Canti.

---

1. L'expression « double but » désigne l'accumulation de mérites et de sagesse. Le premier consiste à accumuler des actes positifs qui transforment l'esprit de façon à faciliter l'atteinte de l'Éveil. Le second inclut toutes les pratiques qui permettent de dissiper l'ignorance fondamentale, telles que l'étude et la méditation. Voir le chapitre 4 qui traite spécifiquement de ces notions. (*N.d.T.*)

Introduction

Le désir d'être heureux est universel. Outre connaître le bonheur et trouver un sens à la vie, la majorité d'entre nous aspire également à devenir meilleure et juste. Tendre au bonheur, à la bonté et à l'honnêteté n'est pas seulement une aspiration raisonnable, mais un objectif noble. Néanmoins, déterminer les moyens qui vont nous permettre d'atteindre ce but est une lutte qui consume le plus clair de notre temps. Nous savons à peu près ce que nous voulons devenir, mais nous nous heurtons toujours aux doutes, aux peurs et à l'insécurité.

La voie spirituelle parle d'Éveil[1]. Mais comment réconcilier l'Éveil avec ce que nous voyons quand nous nous regardons dans le miroir ? Si nous nous efforçons de l'atteindre en contournant la confusion qui nous habite, il nous sera impossible d'établir un rapport entre notre pratique spirituelle et notre expérience vécue. Et si nous nous concentrons uniquement sur nos tendances habituelles, nous finirons par nous enliser dans l'égocentrisme et donc dans la souffrance.

La lutte qui s'établit pour concilier l'idée que nous nous faisons de l'Éveil avec notre propre confusion intérieure est

---

1. On appelle « Éveil » ou « Illumination » le fait de s'éveiller à la véritable nature de l'esprit au sein de laquelle se révèlent à la fois la sagesse qui permet de comprendre la nature de vacuité des phénomènes et la capacité de connaître l'infinie diversité de ces derniers.

le point de départ de la voie et une expression de notre profonde aspiration à la liberté et au bonheur ; cette aspiration est elle-même le signe de l'immense potentiel de notre esprit. Mais le fait que nous ayons en nous ce potentiel ne signifie pas que nous soyons d'emblée des êtres Éveillés. Nous sommes en proie à la confusion. Toutefois, au lieu de l'éviter ou de nous y opposer, nous pouvons l'utiliser à bon escient. Il nous faut atteindre une certaine maturité pour apprendre à concilier notre potentiel et nos névroses. La pratique de l'observation de l'esprit permet de développer cette maturité.

Cette réflexion introspective désigne l'attitude d'esprit et la méthode qui consistent à regarder en toute lucidité et sans jugement de valeur tout ce qui surgit dans notre esprit. C'est un exercice difficile : nous avons en effet tendance à rejeter nos expériences déplaisantes et à susciter les plus agréables. La beauté et la bonté extraordinaires inhérentes à cette méthode résident dans le fait qu'elle exige tout simplement de faire l'expérience de l'ensemble de ce que nous vivons. Regarder au fond de soi sans préjugés permet de révéler le puissant potentiel de l'esprit et de débusquer la confusion à la lumière de notre sagesse, ou connaissance innée. Mener cette investigation introspective modifie la lutte que nous entretenons depuis toujours avec notre esprit et la transforme en la base même de la voie vers l'Éveil.

L'observation de l'esprit est le fil conducteur qui relie toutes les traditions et les lignées de la pratique bouddhique. En donnant corps aux enseignements et en les transmutant en une expérience de vie, cette réflexion sur soi permet d'éviter que la pratique spirituelle ne soit qu'une tâche de plus dans l'existence.

Première partie

La pratique de l'observation de l'esprit

1

Se regarder dans le miroir

Quand on se regarde dans un miroir, on ne voudrait surtout pas y voir un individu ordinaire. On aimerait y contempler quelqu'un d'exceptionnel. Que l'on soit ou non conscient de ce fait, on est tout simplement mécontent de découvrir un être névrosé, en proie à des difficultés et des problèmes.

On voudrait voir le reflet d'une personne heureuse, mais on se trouve face à quelqu'un qui se débat contre lui-même. Nous voudrions croire que nous débordons de compassion, mais notre égoïsme nous saute aux yeux. Nous aspirons au raffinement, mais l'arrogance nous rend grossiers. Au lieu d'être forts et immortels, nous découvrons notre vulnérabilité aux quatre fleuves de la naissance, de la vieillesse, de la maladie et de la mort. Le conflit entre ce que nous aimerions voir dans ce miroir et ce que nous y percevons provoque une intolérable souffrance.

La souffrance de l'amour-propre

Le sentiment d'être exceptionnel, unique, ce que l'on appelle « l'amour-propre » ou encore « l'importance de soi[1] »,

1. En tibétain, *bdag gces `dzin.*

nous retient prisonniers de la souffrance. L'amour-propre est cet attachement sous-jacent aux notions de « je », « moi », « mien » qui colore toutes nos expériences. Si l'on regarde de près, on trouve toujours un puissant élément d'amour-propre dans tout ce que l'on pense, dit et accomplit. « Que faire pour me sentir bien ? Que pensent les autres de moi ? Que vais-je en retirer ? Que vais-je y perdre ? » Autant de questions qui sont ancrées dans l'importance de soi. Et même notre impression de ne pas être à la hauteur de ce que nous pensons être est encore une forme d'infatuation.

La pratique de l'observation de l'esprit

Nous aimerions nous considérer comme forts et pondérés, mais nous ressemblons davantage à de fragiles coquilles qui risquent à tout moment de se briser. La vulnérabilité à laquelle cela nous expose n'est pas positive : nous rassemblons nos forces, nous élevons des murs pour épargner ce moi fragilisé qui exige d'être protégé et défendu. En conséquence, nous nous retrouvons douloureusement pris au piège. Nous craignons de nous détendre et d'accepter les choses telles qu'elles sont et nous devenons de plus en plus anxieux à l'idée que les situations ne s'arrangent pas comme nous le voudrions.

Il faut du courage pour dépasser ce sentiment d'amour-propre et pour voir qui l'on est réellement : mais tel est le chemin. Le but de tous les enseignements bouddhistes, formels ou informels, est de réduire l'importance que l'on s'accorde à soi-même de façon à laisser de l'espace à la vérité. Ce processus commence par l'observation du fonctionnement de son esprit.

Un esprit curieux

Le grand pandit indien Aryadeva[1] a dit un jour que s'interroger sur le fait que les choses ne sont pas telles qu'elles apparaissent ébranle les fondements mêmes de nos attachements habituels. Développer cette curiosité d'esprit est le point de départ de la réflexion sur soi. Se peut-il que ce sentiment d'un moi si profondément ancré en nous ne soit pas ce qu'il semble être ? Est-il vraiment nécessaire de s'attacher si désespérément à toutes choses ? Est-ce même possible ? Qu'y a-t-il au-delà de l'importance de soi ? Se poser ce genre de questions ouvre la porte à l'analyse de la cause même de notre souffrance.

La pratique de l'observation de l'esprit exige que nous prenions un certain recul, que nous examinions notre expérience sans nous laisser entraîner par nos schémas de pensée habituels. Cela nous permet de regarder tout ce qui se produit sans poser de jugements de valeur, une attitude qui va radicalement à l'encontre de l'amour-propre.

L'observation de l'esprit est le dénominateur commun à toutes les traditions et les lignées de la pratique bouddhiste. Cette investigation nous mène au-delà des limites de la pratique formelle. L'esprit curieux est amené à réfléchir sur lui-même à tout moment et dans n'importe quelle situation. Observer son esprit est une attitude, une approche et une pratique. En un mot, c'est une façon personnelle d'insuffler de la vie à sa pratique.

---

1. Aryaveda aurait vécu au IIe siècle de notre ère. Principal disciple du grand maître et philosophe Nagarjuna, il compila et exposa les enseignements sur la vue de la vacuité.

Notre vrai visage

Si nous regardons nos schémas de pensée habituels sans nous mentir et sans les juger, nous découvrirons qui nous sommes réellement. Notre authentique nature et notre vrai visage se trouvent au-delà du « moi », de ce qu'il veut et ne veut pas, de ce combat constant qu'il mène contre le monde.

C'est le visage de notre état naturel, libre de toute lutte pour devenir ce que nous ne sommes pas. Le visage d'un être dont le potentiel de réalisation spirituelle, la sagesse, les qualités et le courage sont exceptionnels. Découvrir à la fois notre propre potentiel et nos obstacles nous permet de comprendre la cause de notre propre souffrance et, par conséquent, de commencer à y remédier.

Observer son esprit signifie prendre la pleine responsabilité de sa libération. Cette voie exigeante requiert un courage et une intrépidité authentiques. Dépasser la notion ordinaire d'un moi mène directement à la vérité de notre bouddhéité, notre vrai visage, et nous libère de la souffrance.

L'esprit-moi, un fantôme qui donne la chair de poule.

S'attacher à la notion communément admise du moi, ou ego, est à l'origine de la confusion et de toutes les souffrances. L'ironie de la situation veut que lorsque l'on cherche ce « moi » que l'on adore et que l'on protège, il est impossible de le trouver. Le moi est fuyant et insaisissable. Si l'on déclare : « Je suis vieux », on se réfère au corps en tant que moi. Quand on dit : « Mon corps », le moi devient le propriétaire du corps. Quand on affirme : « Je suis fatigué », le moi est assimilé à la sensation physique ou émotionnelle. Le moi devient notre perception quand on dit : « Je vois » et nos pensées quand on dit : « Je pense ». Lorsque l'on ne trouve pas de moi à l'intérieur ou à l'extérieur de ces expériences, on est tenté de conclure qu'il est ce qui en est conscient, c'est-à-dire le sujet connaissant ou l'esprit.

Mais si l'on cherche l'esprit, on s'aperçoit qu'il est dénué de forme, de couleur et de consistance. Cet esprit que l'on identifie au moi, et que l'on peut donc appeler « esprit-moi », contrôle tout ce que l'on fait. Et cependant, il est impossible de le localiser, comme si un fantôme gérait notre maison, et cela fait plutôt froid dans le dos. La maison paraît vide, mais toutes les tâches ménagères ont été effectuées : le lit est fait, les chaussures ont été cirées, le thé est versé et le petit déjeuner est prêt.

Le plus surprenant est que l'on ne se pose jamais la question. On suppose qu'il y a quelqu'un ou quelque chose. Depuis toujours, notre vie a été gérée par un revenant ; il est donc grand temps d'y mettre fin. D'une certaine façon, cet esprit-moi nous a servi ou, plus exactement, il nous a desservi. C'est en effet lui qui nous a insidieusement attiré vers la souffrance du *samsara*[1] et nous a réduit en esclavage. Quand cet esprit gonflé d'ego nous ordonne : « Mets-toi en colère », on s'emporte. Quand il nous souffle : « Attache-toi », on exprime l'attachement. Si l'on considère le pacte de sujétion que l'on a passé avec notre esprit-moi, on découvre alors à quel point il est contraignant, à quel point il nous berne et nous incite à faire des choses aux fâcheuses conséquences.

Afin de cesser d'être l'esclave d'un fantôme, vous devez exiger que cet esprit égocentrique montre son visage. Aucun spectre digne de ce nom ne saurait obéir à une telle sommation ! Quand vous préparez le dîner, ou que vous attendez

---

1. On appelle généralement *samsara* le cycle des existences conditionnées par l'ignorance et le karma, qui induisent les états de souffrance d'intensité variable (N.d.T.).

l'autobus, mettez-le au défi de se montrer. Convoquez-le plus particulièrement quand l'esprit-moi vous envahit et vous domine, vous menace et vous effraie. Redressez-vous et défiez votre ego. Ne soyez pas crédule, lâche ou indolent. Soyez ferme mais souple, perspicace mais jamais agressif. Dites-lui simplement : « Montre-moi ton visage ! » Lorsque rien ne surgira qui puisse dire : « Me voilà », l'ego commencera à relâcher son emprise sur vous et vos conflits perdront de leur importance. Vérifiez par vous-même si cela est vrai.

Bien sûr, il est possible que votre esprit ait un visage et votre vécu s'avérera alors différent. Mais, dans le cas contraire, vous ne prendrez plus vos conflits trop au sérieux et vos peines et souffrances s'amoindriront.

Lorsque l'on défie ouvertement l'esprit-moi, il se révèle être ce qu'il est : une absence de tout ce que l'on pensait qu'il représentait. En fait, on peut même voir la « transparence » de cet ego, ou de ce moi, en apparence si solide. Mais alors, que nous reste-t-il ? Il nous reste une conscience claire, intelligente, vaste et ouverte, libérée d'un moi qu'il faudrait adorer et protéger. Tel est l'esprit de sagesse primordiale, commun à tous les êtres. Se détendre dans l'immensité de cette découverte est la véritable méditation, qui elle-même mène à l'accomplissement ultime et à la libération de la souffrance.

Comment un pratiquant aborde-t-il la vie ?

Il est extrêmement important de chercher l'esprit-moi. C'est la seule façon de découvrir qu'il est introuvable. S'il est impossible de débusquer un quelconque esprit-moi, on ne peut pas davantage trouver de moi ; alors pourquoi accorder tant d'importance à toutes nos pensées, nos émotions et nos expériences ?

Je me souviens de la première fois où j'ai réellement fait l'expérience de l'inexistence du moi. J'ai éprouvé un puissant sentiment de liberté ; j'ai reconnu la perfection fondamentale de toutes choses lorsque je ne laissais pas l'importance du moi s'immiscer dans leur déroulement et tout compliquer. Je me suis senti soulagé d'exposer en plein jour tous les efforts inutiles que j'avais jusque-là déployés pour maintenir ce moi.

En général, l'homme apprécie la nature. Le monde naturel est associé à la beauté, à ce qui est pur et vierge. Voir quelqu'un couper un arbre ou creuser un trou dans un environnement sauvage provoque un malaise. De la même façon, nous pouvons comprendre la beauté de notre nature profonde dès lors que nous arrêtons de manipuler, à la seule fin de renforcer le sentiment du moi, tout ce qui se présente à nous. C'est ainsi qu'un pratiquant aborde la vie.

À bien y réfléchir, on peut se poser la question suivante : comment peut-on vraiment mettre en pratique l'observation de l'esprit si l'on s'attache à un moi ? Car, dans ce cas, on prend tout de façon extrêmement personnelle : ma souffrance, ma colère, mes défauts. Quand on accorde trop d'importance à ses pensées et à ses émotions, elles nous torturent. Les examiner ainsi revient à fourrer son nez dans un cloaque. À quoi cela sert-il sinon à augmenter notre souffrance ? Ce n'est pas le mode d'investigation introspective dont il est question ici.

Si l'on garde présente à l'esprit la vue pénétrante, c'est-à-dire, le cas échéant, l'absence de soi, on peut apprécier ce qui s'élève au sein de notre conscience éveillée. On accepte alors que tout ce qui se manifeste soit le résultat de nos actes passés, c'est-à-dire de notre karma[1], mais ce n'est pas ce que nous sommes réellement.

Utiliser les pensées et les émotions

Les pensées et les émotions ne cesseront jamais de se manifester. Le but de la pratique n'est pas de les éliminer. On ne peut pas davantage y mettre un terme ni arrêter les circonstances extérieures qui semblent jouer en notre faveur ou en notre défaveur. En revanche, on peut choisir d'accueillir ces mouvements de l'esprit et de coopérer avec eux. À un certain niveau, pensées et émotions ne sont rien d'autre que des sensations. On peut les mettre à profit pour progresser sur la voie à condition de ne pas les solidifier en les qualifiant de bonnes ou de mauvaises, justes ou fausses, favorables ou défavorables.

Savoir utiliser à bon escient ses pensées et émotions consiste à observer la façon dont elles se manifestent et se dissolvent. Quand on pratique cet exercice, on s'aperçoit qu'elles sont insubstantielles. Lorsque l'on est capable de les voir comme des « transparences », on comprend qu'elles n'ont pas le pouvoir de nous attacher, de nous égarer ni d'altérer notre sens de la réalité. Et l'on ne s'attend plus à ce qu'elles cessent. Le fait même de penser qu'elles devraient cesser est

---

1. « Karma » est un mot sanscrit qui signifie « acte » et qui a de nombreux sens. Selon les enseignements du Bouddha, la destinée des êtres, leur bonheur, leur degré de souffrance et leur perception de l'univers sont le résultat de leurs actes passés. De même, le futur est déterminé par la qualité, positive ou négative, de leurs actes présents. En ce sens, le karma, loin d'être un fatalisme, représente une responsabilité de chaque instant qui se traduit dans le flux mental par des intentions ou volitions traduites, ou non, en actes. (*N.d.T.*)

en soi une erreur. La méditation permet de se libérer de cette conception erronée.

Les soutras disent : « À quoi sert le fumier si ce n'est à fertiliser les champs de canne à sucre ? » De même, nous pouvons dire : « À quoi servent les pensées et les émotions – c'est-à-dire, toutes nos expériences – si ce n'est à progresser vers la réalisation ultime ? » Ce qui nous empêche d'en faire bon usage sont les peurs et les réactions issues de notre amour-propre.

Le Bouddha nous a donc appris à laisser les choses telles qu'elles sont. Laissez les choses se manifester naturellement, laissez-les telles quelles, sans vous sentir menacé ni essayer de les contrôler.

Lorsque la méditation permet de voir la transparence de l'esprit-moi, on n'a plus de raison de le craindre. Notre souffrance en est grandement réduite. En réalité, l'observation de tous les aspects de notre esprit risque fort de devenir une aventure passionnante. Cette attitude est la base de la pratique de la réflexion sur soi.

2

Le théâtre des reflets

Celui qui regarde un film dans une salle de cinéma est détendu et prend plaisir au spectacle parce qu'il sait que c'est une illusion. Ce déploiement magique est le résultat de la conjonction d'un projecteur, d'une pellicule, de la lumière, d'un écran et de nos perceptions. Des éclairs distincts et éphémères de couleurs, de formes et de sons créent une illusion de continuité que l'on perçoit comme étant des personnages, un paysage, un mouvement et une langue. Ce que l'on appelle « réalité » fonctionne de la même manière. Notre faculté de connaître, nos perceptions sensorielles, les germes ou semences de nos karmas antérieurs[1] et le monde phénoménal s'interpénètrent pour créer le « spectacle » de notre vie. Tous ces éléments entretiennent les uns avec les autres un rapport dynamique qui constitue leur mouvement et leur intérêt. C'est ce que l'on appelle l'interdépendance.

Si l'on regarde autour de soi, on constate que rien n'existe de manière autonome, ce qui est une autre façon de dire que

1. Les germes ou semences karmiques proviennent des résidus de nos actes passés, positifs ou négatifs, et sont activés par des causes et conditions particulières. Ainsi, si l'on a une tendance à la colère ou, en d'autres termes, si l'on porte le germe de la colère, lorsque les conditions sont réunies, on répondra par l'agressivité.

tout est interdépendant. Pour naître, se manifester et disparaître, les choses dépendent d'un nombre infini de causes et de conditions. Parce qu'elles sont interdépendantes, elles n'ont pas d'existence propre. À titre d'exemple, comment peut-on séparer une fleur des innombrables causes et conditions qui l'ont produite, à savoir l'eau, la terre, le soleil, l'air, les graines, etc. ? Peut-on trouver une fleur qui existe indépendamment de ces causes et conditions ? Tout est si inextricablement lié qu'il est difficile de désigner un point ou un instant qui serait le commencement d'une chose et la cessation d'une autre. C'est ce que l'on appelle la « nature illusoire » ou la « nature de vacuité » des phénomènes.

Le monde extérieur dans son infinie variété et notre monde intérieur de pensées et d'émotions ne sont pas tels qu'ils apparaissent. Tous les phénomènes semblent exister de façon objective, mais leur mode d'être réel est semblable à un rêve : apparent et cependant insubstantiel. L'expérience de la vacuité ne se situe pas en dehors du monde des apparences ordinaires, contrairement à ce que certains pensent par erreur. En vérité, on fait l'expérience de la vacuité lorsque l'esprit est libre de l'attachement aux apparences.

Comprendre la vacuité du monde phénoménal nous libère de la pesanteur et de l'oppression causées par notre conception des choses comme étant solides et dotées d'une entité intrinsèque. Lorsque l'on comprend que rien n'existe de façon indépendante, tout ce qui surgit apparaît davantage comme un rêve et devient donc moins menaçant. On connaît alors un profond sentiment de détente, on éprouve moins le besoin de contrôler son esprit et les circonstances. La nature de toutes choses étant vacuité, il est possible de considérer sa vie de la même façon que l'on regarde un film. On peut se détendre et prendre plaisir au spectacle.

Jouir du spectacle

Observer son esprit s'avère plus passionnant que de regarder un film. L'écran, le projecteur, l'histoire, les personnages et l'intrigue constituent notre vécu même ; le *samsara* et le nirvana dans leur ensemble font partie intégrante du spectacle. Une production aussi grandiose n'a pas de prix. Notre billet d'entrée dans ce cinéma consiste à voir la « transparence de toutes choses », à comprendre que les phénomènes n'existent pas tels qu'ils apparaissent.

Il est essentiel d'accepter le caractère illusoire des apparences, à savoir les pensées, les émotions et les objets extérieurs. Tant que l'on ne prend pas conscience de la nature insubstantielle de ce qui nous entoure et de nos expériences intérieures, on investit ce qui est fluide, changeant et insaisissable d'une existence solide dont les choses sont dépourvues et le monde nous semble séduisant ou menaçant. Dans ces conditions, il est impossible de trouver la paix de l'esprit.

Prenons un exemple : quelque chose provoque notre colère, on se laisse emporter, on va jusqu'au fond de cette émotion ou bien on essaie de trouver une solution. On est au beau milieu d'une conversation animée et l'on veut prouver que l'on a raison. Ou encore on vit une situation confuse et l'on veut tirer les choses au clair. Une pensée jaillit qui donne immédiatement naissance à une autre pensée. Mais, à un certain moment, il nous faut comprendre que, quel que soit leur degré de pertinence, il ne s'agit que de pensées et d'émotions, fluctuantes et dénuées d'entités solides.

Que se passerait-il si l'on parvenait à voir l'irréalité de ses croyances et de ses peurs de la même façon que l'on voit celle d'un film ? On commencerait par s'en amuser, on en rirait et on finirait par lâcher prise. Les prendre trop au sérieux va à l'encontre de tout ce que l'on essaie d'accomplir sur la voie. La meilleure façon de se faciliter les choses consiste à ne pas se laisser entraîner par cet esprit discursif.

Selon le bouddhisme, relâcher notre emprise sur les choses leur permet d'apparaître telles qu'elles sont et non pas telles que l'on voudrait qu'elles soient. Un proverbe dit : « De même que l'eau est plus limpide quand on ne la remue pas, de même la méditation est beaucoup plus aisée lorsqu'elle est libre d'élaborations mentales. » Tel est le sens de l'observation de l'esprit.

Ne pas perdre son assise

Observer le fonctionnement de l'esprit a pour but de vivre toutes les situations avec clarté, sans tenter de les manipuler ni de les contrôler, ou, pour utiliser la même image que précédemment, sans troubler les eaux. Ceux qui pensent pouvoir tout changer ou tout maîtriser souffrent beaucoup, parce que c'est tout simplement impossible à réaliser.

Parfois, certains pratiquants sont contrariés d'éprouver des émotions ou d'avoir des pensées qui les perturbent, estimant qu'ils ne devraient plus en faire l'expérience. Des pratiquants de longue date s'étonnent parfois : « Pourquoi au terme de tant d'années suis-je encore si tourmenté ? Pourquoi mon esprit n'est-il pas en paix ? » De telles questions reflètent une conception erronée du but de la pratique. Quel que soit le degré d'accomplissement atteint, l'activité naturelle de l'esprit ne cesse jamais. Elle est une expression de la nature de l'esprit qui recèle en elle-même toutes les possibilités. Au lieu de s'en agacer, on peut mettre à profit la vitalité de l'esprit pour approfondir et enrichir notre pratique.

La finalité de la pratique est de parvenir à prendre en compte les états d'esprit paisibles aussi bien qu'agités. On considère d'ordinaire que l'agitation des pensées et des émotions est un élément de perturbation. Si ce tourbillon menace notre bien-être intérieur, l'anxiété monte. Mais il est important de comprendre que ces processus mentaux sont parfaitement naturels. Les pensées sont le fruit de notre karma ; les émotions et l'anxiété sont le jus de ce fruit. Faire l'expérience de ces flux de pensée n'est pas nécessairement synonyme de déstabilisation.

Lorsque des pensées et des émotions perturbatrices s'élèvent, il ne vous reste plus qu'à les laisser se déployer naturellement. N'essayez pas de les contrôler ni de vous y complaire. Leur donner de l'importance ne fait qu'étoffer davantage leur « réalité ». Adoptez une attitude différente. Vous constaterez alors que l'agitation et l'angoisse auxquelles l'esprit est en proie ne sont qu'une expression de la vacuité d'existence propre qui est la nature fondamentale de l'esprit. Il n'y a donc pas lieu de s'inquiéter face à ces mouvements émotionnels et discursifs ; il est inutile de se charger d'un tel poids et de se faire tant de soucis. Comprendre ce point est source de sérénité.

La paix advient lorsque la vraie nature des choses éclipse leur apparence. L'esprit est suffisamment subtil pour reconnaître la véritable nature de sa propre expression, en d'autres termes, un esprit capable de comprendre que cette nature est vaste, libre et riche de potentialités, est véritablement en paix. On atteint cet objectif grâce à une pratique persévérante de la réflexion sur soi.

L'observation de l'esprit ouvre la porte de la liberté. Elle permet une meilleure appréciation de notre condition et une plus grande capacité d'en tirer profit. On commence à prendre plaisir à observer le fonctionnement de son esprit, à réfléchir sur la manière dont on intègre les enseignements reçus dans sa vie. Tout comme le soleil émerge des nuages, le Dharma devient clair. Et les bénédictions de la lignée – les maîtres réalisés qui s'en sont allés – pénètrent nos cœurs et dissolvent les rapports que l'on entretient habituellement avec son propre esprit.

Le but de l'existence devient alors évident, de même que la relation tissée avec le bonheur et la souffrance ordinaires. Puisque tous deux sont des expressions de notre nature fondamentale, vouloir à tout prix atteindre le bonheur mondain est aussi vain que de s'acharner à éviter les douleurs et les peines. Afin de trouver la paix véritable, il faut établir un lien profond entre notre vie et la nature fondamentale de notre esprit.

3

Le legs des hommes des cavernes et des sages

Depuis l'époque des hommes des cavernes, l'être humain recherche la paix et le bonheur en chassant, en cultivant la terre et en accumulant des biens matériels. Nous avons passé tant de temps à les chercher en dehors de nous-mêmes que nous n'avons jamais eu le loisir de les récolter en notre propre esprit.

Rares sont ceux qui réfléchissent au fait que l'avarice, l'attachement, l'agressivité, la jalousie et les actes négatifs ne sont pas des causes de bonheur ni de paix. Ils sont source de douleurs et de souffrances. Dépasser ces émotions afflictives exige une réflexion approfondie sur la nature de l'esprit. On a ignoré la nécessité fondamentale d'une observation profonde de l'esprit. Mais si l'on s'en dispense, il sera très difficile de distinguer nos véritables intentions de l'influence que la société et ses membres exercent sur nous.

Les traditions et les habitudes sociales préétablies nous façonnent. Le consensus qui régit nos modes de vie – ce qui est reconnu comme bon ou mauvais, agréable ou désagréable, favorable ou défavorable – n'est que le consensus établi par nos ancêtres[1]. S'il reflète une certaine sagesse conventionnelle, il se

---

1. En tibétain, *brda mi rgan po*, ce qui signifie littéralement « les aînés qui nomment les choses ».

borne néanmoins à nous apprendre à créer, à nous loger, à nous nourrir et à tirer des bénéfices du *samsara*, en ignorant que c'est précisément ce dernier qui constitue le problème majeur.

Afin de parvenir à nos buts, nous faisons appel à la force de nos intentions. Mais, le plus souvent, celles-ci ne sont pas clairement définies ou bien nous sommes incapables de faire coïncider nos projets avec nos actes pour atteindre l'objectif souhaité. À tout moment, pensées et sentiments surgissent. Toute pensée est fondée sur une perception ou une croyance ; or la majorité de nos croyances provient du consensus établi par d'autres personnes dont la « lecture » du monde phénoménal est loin d'être exacte.

Le consensus établi par nos ancêtres « conventionnels[1] » ignore les embûches du *samsara*, en particulier le fait que renforcer les conditionnements de ce monde conditionné est un piège mortel. La conception samsarique du bonheur et de la paix dénote une profonde ignorance : au lieu de les développer en son propre esprit et donc indépendamment des conditions extérieures, elle tente de les construire sur des bases matérielles. Cette vision du monde nous conduit à l'erreur.

La société comporte de multiples chemins de traverse, mais tous ont le même point commun : ils nous incitent à rechercher la satisfaction de nos besoins intérieurs à l'extérieur de nous-mêmes. Qu'ils nous jettent dans la poursuite éperdue des biens matériels, des relations sociales et de la dépendance émotionnelle, ils ignorent tous le potentiel de bonheur et de paix inhérent à notre propre esprit.

À la différence des hommes des cavernes, les grands sages du passé ont cherché et réussi à s'affranchir du conditionnement

---

1. L'adjectif « conventionnel » désigne ici les êtres ordinaires qui ont pensé et agi sous l'emprise du *samsara*, par opposition aux saints et aux sages éveillés qui s'en sont libérés. (*N.d.T.*)

des habitudes et des conventions sociales. Ils se sont révoltés contre la grande tragédie humaine de l'esprit plongé dans l'ignorance de l'esprit-moi et ils ont trouvé le courage de découvrir la paix qui provient de l'analyse directe de l'esprit. Jusqu'à maintenant, la plupart des hommes ont ignoré la nécessité de développer une voie d'Éveil. Telle est la tragédie de l'ignorance.

Il y a deux niveaux d'ignorance : l'ignorance de la vérité absolue, c'est-à-dire la méconnaissance de la véritable nature des phénomènes, et l'ignorance qui nous empêche de faire une lecture correcte du monde phénoménal. Ces deux formes d'ignorance sont semblables à deux sortes de fils : lorsqu'ils sont tissés de façon très serrée, il est difficile de les discerner et cependant ils constituent la trame de l'illusion.

L'absence de sagesse est la conséquence de la première forme d'ignorance. Faute de comprendre notre véritable nature, nous percevons ce qui est illusoire et insubstantiel comme étant solide et réel. La seconde forme d'ignorance est l'incapacité de déchiffrer clairement les lois du karma et de l'interdépendance, ce qui, par conséquent, fausse notre relation au monde.

Dans le monde relatif, les phénomènes extérieurs se modifient constamment, notre esprit change tout le temps et donc nos perceptions fluctuent d'un moment à l'autre. Nous comprenons aisément que tout est transitoire, y compris nous-mêmes. Mais le moi, ou l'ego, voudrait nous faire croire que tout est permanent. Si nous reconnaissions que tout est transitoire, nos attachements n'auraient aucun fondement solide, car l'ego est fondé sur l'attachement.

En s'attachant à un moi non existant, nous faisons une interprétation erronée du monde et nous perdons ainsi le trésor que représente notre esprit. Notre croyance en un moi qu'il faudrait à tout prix préserver contraint l'ego à contrôler tous nos actes mentaux, émotionnels, verbaux et physiques. Bien que la sagesse de notre propre esprit soit à jamais pure clarté, faute de ne pas la reconnaître, nous devenons pareils à un prince errant ou à un monarque qui, méconnaissant son héritage, vit comme un vagabond.

De ce fait, nous ignorons le fonctionnement du karma. Inconscients de la loi de cause à effet, nous négligeons d'entreprendre les actions qui débouchent sur des résultats bénéfiques. Au contraire, nos actes engendrent un karma encore plus douloureux.

Toute la souffrance du *samsara* est provoquée par notre ignorance individuelle et par l'ego : tous les êtres sensibles sont victimes de ce conditionnement. Le fait que la race humaine ait vécu jusqu'alors dans la confusion et sans atteindre l'Éveil s'explique par la croyance erronée à l'existence de l'ego et à la fausse conception de la réalité que celui-ci induit.

Lorsque l'ego n'est plus notre unique point de référence, l'esprit est naturellement ouvert, clair, libre et capable d'apprécier toutes choses sans jugement de valeur. Cette expérience porte de multiples noms : vacuité, nature de bouddha, *prajnaparamita*, *dharmakaya* ou nature de l'esprit[1].

---

1. Ici, tous ces termes sont utilisés de façon interchangeable. L'état naturel de l'esprit, ou nature de l'esprit, n'est pas entaché par l'ignorance ; il est vaste, libre et possède le potentiel de faire l'expérience de toutes les situations dans un état de profonde réceptivité, ou innocence. La nature de bouddha, également appelée « essence de la bouddhéité », fait référence au potentiel exempt de fabrications mentales (concepts) de la bouddhéité qui est présent dans l'esprit de tout être sensible. Le *dharmakaya* est la nature de l'esprit, vaste, libre et d'une totale clarté. C'est la base, ou fond primordial, à partir de laquelle tous les aspects du *samsara* et du nirvana se manifestent, sans que ceux-ci ne l'affectent. Le terme sanscrit *prajnaparamita* désigne la perfection de la sagesse qui reconnaît la vacuité.

En son essence profonde, l'esprit est parfaitement libre, exempt de toute ignorance, doté du potentiel de faire l'expérience de toutes les situations dans un état de réceptivité totale. Le but de l'observation de l'esprit est précisément de révéler ce potentiel qui est notre héritage naturel.

4

NOTRE HÉRITAGE NATUREL

Nous consacrons la majeure partie de notre temps à rendre notre vie meilleure et à lui donner un sens. Nous mettons tout en œuvre pour exercer une influence et acquérir un certain pouvoir ; nous ne ménageons pas nos efforts pour nous enrichir. Nous essayons de donner une signification à l'existence par le biais de la peinture, de la musique ou de toute autre forme d'expression. Au terme d'une vie de labeur, nous éprouvons certes une certaine satisfaction. Mais si nous avions la discipline qui permet de nous relier à notre héritage naturel, nous éprouverions ce sentiment de plénitude et de sérénité à chaque instant.

La richesse intérieure

Un portefeuille bien rempli et une épargne conséquente à la banque n'ont rien à voir avec la richesse. Nombre de gens extrêmement fortunés se sentent au fond d'eux-mêmes très démunis. On peut passer une vie entière à travailler très durement pour améliorer ses conditions matérielles, mais si l'on n'a pas développé cette plénitude intérieure, le manque et l'insatisfaction ne disparaîtront pas. Les personnes qui ont une réelle plénitude ancrée dans le cœur n'ont pas besoin de circonstances extérieures « idéales » ni d'une abondance de biens matériels. Elles savent apprécier à leur juste mesure les richesses de ce monde et les positions d'autorité, mais elles ont au fond d'elles-mêmes un sens subtil de la plénitude.

En tibétain, le terme *yeun*[1] désigne une telle richesse intérieure. Chögyam Trungpa Rinpoché[2] explique que tout dépend du *yeun* propre à chaque personne ; hommes et femmes possèdent ces qualités. Cette richesse intérieure, à son tour, magnétise, attire celle des objets extérieurs. Lorsque notre plénitude intérieure est reliée à celle du monde phénoménal, on éprouve un sentiment de richesse quand bien même on aurait très peu d'argent dans son porte-monnaie ; il s'agit d'une richesse beaucoup plus vaste que celle des milliardaires. Ainsi se sentira-t-on beaucoup plus puissant que nombre de ceux qui exercent un pouvoir, même si l'on occupe un rang subalterne et que l'on ne détient qu'une faible autorité. De même se sentira-t-on beaucoup plus radieux que les célébrités représentées sur les couvertures des magazines, alors que l'on est d'une beauté quelconque. Comment est-ce possible ?

Cet état d'esprit provient de l'espace et de la richesse de notre nature fondamentale. Méditer sur la nature de l'esprit crée davantage d'espace en nous. Nous disposons d'un champ plus vaste pour vivre les émotions humaines et pour laisser se dissoudre l'esprit-moi. Au sein même de l'ouverture, on découvre un potentiel illimité.

---

1. Le mot tibétain *yeun tèn* (yon.tan), désigne les qualités inhérentes au potentiel d'Éveil propre à chaque être. (*N.d.T.*)

2. Chögyam Trungpa Rinpoché (1939-1987) fut un grand maître de méditation tibétain qui contribua à implanter le bouddhisme tibétain en Occident. Il était également poète, artiste et lettré.

La plénitude et le sens de la vie ne se trouvent pas en dehors de nous-mêmes. Et l'existence ne se résume pas à se demander : « Qu'est-ce qu'il me faut ? Qu'est-ce qui me manque ? » Quand on s'ouvre à la richesse de cette expérience, les peurs diminuent et on est en mesure de goûter pleinement la vie. On apprécie la beauté du monde et de tout ce qui se présente. Conscient de cet esprit de liberté et de plénitude, même un mendiant dans la rue aurait l'impression d'être un monarque universel[1].

Celui qui reconnaît cette richesse intérieure ressent en toutes circonstances un extraordinaire et indéfectible sentiment de sécurité. Savoir que l'on peut compter sur soi-même apporte satisfaction et joie. On sait profiter de tous les événements de la vie, qu'ils soient bons ou mauvais, agréables ou difficiles. J'espère que vous ferez tous cette expérience, ou que vous en aurez du moins un aperçu. À ce moment-là, vous ne vous retrouverez plus pris au piège des difficultés de ce monde où s'offrent tant de choix.

Mérite et richesse

Si la richesse intérieure est inhérente à tous les êtres, pourquoi est-il si difficile d'en faire l'expérience ? Comment acquérir cette plénitude ? Y a-t-il un code d'accès ? La réponse est : oui. Il se nomme « mérite » et il est très important de comprendre comment il modèle nos vies.

---

1. Ou *cakravartin* en sanscrit. Issue de l'Inde ancienne, cette conception désigne un être noble qui a atteint un certain degré de sagesse. Selon la cosmologie bouddhiste, les univers naissent et disparaissent selon quatre périodes : formation, maintien, destruction et vide ; les *cakravartin* se manifestent lors des périodes de croissance de l'univers. (*N.d.T.*)

Le mérite affecte tout ce que nous sommes et tout ce que nous faisons, de même que tout ce que nous serons et ferons à l'avenir. Les situations propices qui nous échoient en cette vie sont le fruit de nos bonnes actions passées. Ces actes positifs nous mènent à la vérité et favorisent l'expression de notre bonté naturelle. On pense souvent que les circonstances favorables dont on jouit sont la conséquence d'un travail acharné. En réalité, elles sont le fruit de nos actions passées et de la bonté que les autres nous ont témoignée. Sans mérite, et quels que soient nos efforts, il est impossible de faire l'expérience de ces circonstances bénéfiques ni même de les actualiser.

Nous sommes tous dotés de certaines caractéristiques positives, d'ordre physique, intellectuel ou artistique, qui nous donnent le sentiment d'être uniques et dont nous tirons parfois un certain orgueil. Nos talents et nos richesses peuvent être si abondants que nous passons pour des individus exceptionnels. Mais toutes ces facultés et circonstances positives sont le résultat d'actions passées et ne s'expliquent pas uniquement par nos efforts actuels.

Si nous gardons ce fait présent à l'esprit, les talents dont nous sommes dotés et les situations favorables dont nous bénéficions ne seront pas source d'arrogance. Nous n'en tirerons pas un orgueil démesuré ; à l'inverse, nous ne nous sentirons pas découragés quand ils diminueront ou changeront. Tant que nous ne nous identifions pas à ces circonstances positives, que nous ne les pensons pas comme « nôtres », ou faisant partie de notre « moi », elles ne deviendront jamais un fardeau. Si nous savons reconnaître leur origine, nous pouvons les utiliser pour façonner notre monde en l'orientant vers des choix et des actions porteurs de mérites. C'est la meilleure façon de réinvestir nos mérites présents.

Il y a deux types de mérites. Le premier prépare le terrain afin que s'épanouisse notre intelligence de base et que nous progressions sur la voie spirituelle ; en ce sens, il favorise les circonstances propices. La seconde forme de mérites nous permet de faire l'expérience de ces dernières et d'en tirer pleinement profit.

Nous accumulons le premier type de mérites en accomplissant toute action du corps, de la parole et de l'esprit qui réduit l'amour-propre et bénéficie à autrui, ainsi que tout acte inspiré par notre ardent désir d'établir un lien profond avec ceux qui ont atteint la liberté ultime et la richesse innée. Afin d'accumuler ce type de mérites, nous nous appuyons sur la connaissance de la loi de causalité karmique dans le but de créer les conditions favorables à notre véritable paix intérieure et à celle d'autrui.

Le premier type de mérites favorise les circonstances propices ; le second permet de les apprécier, faute de quoi on est rongé par les soucis et le stress. Surgissent alors l'inquiétude et la tension liées au désir d'acquérir des richesses, de les accroître et de les conserver. Au lieu d'engendrer un sentiment de plénitude, les biens et les situations favorables ont l'effet inverse.

Imaginez, à titre d'exemple, que vous vivez dans un profond dénuement lorsque tout à coup vous gagnez à la loterie. Cette richesse soudaine est le fait du premier type de mérites. La seconde forme de mérites vous permet d'en jouir et de l'utiliser au mieux de telle sorte que ce renversement de situation n'entraîne pas un état de confusion mentale, de tension ou de conflit qui vous amène à penser que vous seriez bien mieux sans cette fortune. Une telle immaturité est le signe que la seconde forme de mérites fait défaut.

Il est néanmoins surprenant de constater que la seconde forme de mérites est plus difficile à accumuler que la première. La faculté de goûter les richesses extérieures et intérieures, de quelque ordre qu'elles soient, provient d'une profonde capacité à apprécier le monde. Ce n'est que lorsque l'on renonce à l'amour-propre que l'on est en mesure de profiter pleinement de ce que nous offre l'univers. Afin de jouir de ces circonstances favorables, il faut entraîner notre esprit de façon beaucoup plus subtile. En bref, le sentiment de plénitude intérieure est notre nature fondamentale. Mais si nous utilisons nos talents et capacités à la seule fin de nourrir et d'augmenter l'importance de soi, nous sapons notre faculté d'appréciation. Abandonner tout sentiment d'amour-propre permet de goûter pleinement les situations positives.

L'incapacité à aimer ce monde est le signe que la seconde forme de mérites nous fait défaut. Il y a le Soleil, la Lune et la nature qu'aucune somme d'argent ne peut acheter ; mais les apprécions-nous vraiment ? Imaginez ce que serait ce monde sans les montagnes, les forêts, les lacs, les fleuves et les saisons. Pensez à la beauté de tous les éléments naturels et à la façon dont ils vous émeuvent au tréfonds de vous-même.

Appréciez-vous votre précieuse existence ? Aucune fortune ne peut acheter la naissance humaine ; vous avez obtenu cette vie grâce à la première forme de mérites ; ne pas l'apprécier est le signe que la seconde vous fait défaut.

Pensez ensuite à votre corps et demandez-vous comment vous seriez si vous étiez dépourvu d'yeux, d'oreilles, de nez, de langue ou de dents. Que se passerait-il si vos organes internes ne fonctionnaient pas bien, si votre conscience et votre mental étaient déficients, si vous souffriez de troubles sensoriels ou émotionnels ?

Appréciez-vous vraiment votre travail ? Nous passons notre vie à travailler très durement. Si nous n'aimons pas ce que nous faisons, nous ne récolterons pas les fruits de notre temps et de notre énergie, parce que la seconde forme de mérites nous fait défaut. Méditez ces points afin d'apprécier pleinement tout ce que vous avez, y compris votre maître, votre pratique et les enseignements dont vous bénéficiez.

Pensez que la richesse du monde extérieur qui s'offre spontanément à nous, c'est-à-dire les montagnes, les forêts, les lacs, les quatre saisons, les douze mois de l'année et la rotation du Soleil et de la Lune, est le produit de nos mérites. Les actes positifs que nous avons accomplis par le passé nous permettent de jouir de toute cette richesse naturelle. C'est grâce au très bon karma de nos vies antérieures que nous bénéficions de ce corps humain et de ses organes vitaux. Tels sont les aspects extérieurs et intérieurs de notre héritage humain.

Notre esprit est la part secrète de notre héritage. Il est doté de cinq sens extraordinaires qui nous relient au monde extérieur : la vue, l'ouïe, le goût, l'odorat et le toucher. Nous possédons aussi les six consciences, ou consciences mentales, qui nous permettent de connaître et de caractériser notre monde. Ainsi, nous identifions une fleur d'après sa couleur, son parfum et d'autres attributs qui lui sont propres. Cette connaissance de la fleur, processus d'une merveilleuse complexité, se produit en un très bref instant, avant même que les mécanismes de la pensée ne se déclenchent. Aucun ordinateur, aucune machine ne peut rivaliser avec cela. La sixième conscience est le processus de la pensée qui est en lui-même extraordinaire. Elle inclut l'ego et notre propension à nous protéger et à nous vénérer. Elle est également responsable de toutes nos émotions négatives, de la confusion, de la souffrance et de la douleur. Bien sûr, personne ne veut souffrir, mais la souffrance nous donne la possibilité de faire l'expérience de quelque chose d'autre que la vie dans le *samsara*.

Tout ce que nous vivons, y compris la souffrance, est la manifestation de notre nature véritable, de son pouvoir et de sa vitalité exceptionnels, ou encore de son énergie. Bien que nous souffrions dans le *samsara* parce que nous ne sommes pas capables de tirer profit de notre potentiel, nous pouvons toutefois commencer à sentir la présence de cette nature d'Éveil.

Apprécier notre potentiel intérieur est la source d'innombrables qualités. Cette reconnaissance engendre en effet l'ouverture d'esprit, la sérénité et l'humilité qui protègent contre l'arrogance, la jalousie et l'importance que l'on s'accorde à soi-même. Elle permet d'être pleinement et joyeusement présent à autrui et au monde qui nous entoure. Le plus petit acte d'appréciation apporte un grand mérite. Il est dit qu'offrir ne serait-ce qu'une seule prosternation en étant parfaitement conscient de ce geste équivaut à offrir l'univers entier aux bouddhas et aux bodhisattavas des trois temps.

Si l'on ne développe pas cette faculté d'ouverture à autrui et au monde, on est rongé par la mesquinerie. Ainsi, au cours d'une retraite effectuée dans un lieu magnifique, on est soudain assailli par le sentiment d'avoir besoin d'un certain nombre de choses dans son ermitage. On envoie des messages désespérés à l'intendant : « Il me faut ceci ; j'ai besoin de cela. » Si l'on considère ce comportement avec humour, on s'aperçoit à quel point l'esprit peut se laisser envahir par des préoccupations insignifiantes.

Nous n'avons qu'un seul esprit et la mesquinerie nous empêche d'utiliser au mieux son potentiel. En outre, nous gaspillons notre temps. Le temps est précieux. Lorsqu'il est perdu, il n'y a aucun moyen de revenir en arrière. En appréciant pleinement notre vie, nous accumulons la seconde forme de mérites et nous sommes en mesure d'établir un lien avec l'immense richesse qu'elle représente.

Au fur et à mesure que notre appréciation de la vie croît se développe un extraordinaire sentiment de satisfaction intérieure. C'est un sentiment d'une incroyable richesse que l'on ressent dans son cœur. Si l'on n'éprouve pas ce contentement intérieur, c'est le signe que l'on est incapable d'apprécier ce que l'on a. L'esprit qui s'appesantit sur ce qui lui manque aura toujours envie de plus. Un esprit pris au piège de l'état de manque passe à côté de l'essentiel.

Si l'on éprouve constamment un sentiment de manque, il sera plus difficile d'être riche que d'être pauvre ; d'être dans une situation de pouvoir où l'on jouit du respect des autres que d'être faible et déconsidéré ; d'être aimé que de ne pas être aimé du tout. Le sentiment d'un clivage intérieur empêchera d'être à la hauteur de la richesse, du pouvoir, du respect et de l'amour que l'on pourrait rencontrer : d'un côté, on veut tout avoir et, de l'autre, on a l'impression qu'on ne le mérite pas, ce qui donne naissance à de multiples formes de confusion et d'insécurité.

Le remède contre l'insécurité

Le remède contre l'insécurité est le contentement. Nous connaissons tous des gens brillants qui ont une très haute d'opinion d'eux-mêmes, mais qui se sentent au fond extrêmement anxieux. Leur visage a beau être parfaitement maquillé, leurs sous-vêtements empestent ; en outre, ils n'ont ni la force ni la liberté d'affronter leur inquiétude. Ils consacrent toute leur intelligence à impressionner leur entourage dans l'unique but d'alimenter leur narcissisme.

Pour remédier à cette forme d'insécurité, il faut renouer avec la satisfaction : être satisfaits de nos accomplissements, être contents de notre voie spirituelle et de tout ce que notre bon karma nous a octroyé. Ce sentiment libère toute la joie qui est cadenassée à l'intérieur de nous. Afin de déverrouiller ce lieu de l'esprit et du cœur, réfléchissez non seulement à votre héritage naturel, mais aussi à la tyrannie des habitudes mentales et de l'insatisfaction qu'elles nourrissent.

Les cartes que vous ont laissées les bouddhas, les bodhisattvas, les maîtres de la lignée et les maîtres du passé vous aideront sur cette voie. Quelles épreuves ont-ils rencontrées sur leur chemin spirituel et comment ont-ils réagi ? Qu'est-ce qui les a aidés et qu'est-ce qui les a entravés ? Grâce à leur bonté, ces merveilleuses informations sont à votre disposition pour que vous les appréciiez et que vous les utilisiez à bon escient.

5

Le maître en tant que miroir

Les êtres humains ont besoin de maîtres spirituels. Sur la voie spirituelle qui mène à l'Éveil, le maître nous apprend à regarder en nous avec lucidité. Cette idée peut paraître simple : observez votre esprit, regardez la façon dont vous le manipulez et changez-le. Mais, dans la pratique, c'est une chose difficile à réaliser. Si l'on veut voir clairement son esprit, il faut le regarder sans que l'ego ne s'y implique. Dans ce processus, le maître est particulièrement important dans la mesure où il met en évidence les points que l'on ne parvient pas à voir clairement.

Atisha[1], le grand pandit indien du X-XIe siècle, affirma que les instructions fondamentales sont celles qui irritent aux endroits sensibles. Mettre cette vulnérabilité en évidence est la tâche du maître. En ce sens, il est le plus essentiel des miroirs.

Nous avons parfois l'impression que le maître nous traite avec sévérité, qu'il nous critique sans cesse, ne nous laisse

1. Atisha (980-1054) fut le grand maître et érudit qui implanta sur le sol tibétain les enseignements qui allaient constituer le fondement de la lignée Kadampa. En tant que strict disciple de la tradition monastique bouddhiste, il mit l'accent sur la pratique qui consiste à exposer ses propres fautes comme moyen de réduire l'amour-propre.

pas souffler ou que nos progrès ne sont jamais appréciés à leur juste valeur. Mais nous ne devons pas nous méprendre sur cette attitude car un événement merveilleux et fondamental est en train de se produire : la chance rarissime de voir certains aspects de nous-mêmes que l'on ignore d'ordinaire.

Quand j'étais en présence de mon maître Dilgo Khyentsé Rinpoché[1], sa sérénité, sa clarté et son esprit si vaste faisaient ressortir toute l'importance que j'accordais à ma personne. Quelles que soient la gravité ou la complexité de l'histoire que je venais lui raconter, je savais qu'il voyait par-delà mon égocentrisme. De maître à disciple, nous pratiquions une compréhension non verbale. Cette forme de communication fut l'une des manières auxquelles il eut recours pour me délivrer son enseignement.

J'ai vu cette forme de relation s'instaurer avec d'autres personnes également. La simple présence de Dilgo Khyentsé Rinpoché calmait instantanément l'esprit le plus débridé et le plus fou. Le maître en tant que miroir ne signifie pas autre chose que cela : il est le miroir qui ne reflète pas seulement nos obstacles psychologiques et nos limitations, mais aussi la nature intrinsèquement pure de notre esprit. Tel est le but majeur de la relation de maître à étudiant.

Afin que le maître puisse réellement faire fonction de miroir, nous devons être armés de la sincère volonté de nous

---

1. Dilgo Khyentsé Rinpoché (1910-1991) fut l'un des plus grands érudits et maîtres de méditation de la tradition Nyingma du XXe siècle. Il était considéré comme la réincarnation de Jamyang Khyentsé Wangpo, le grand sage et maître spirituel appartenant au courant non sectaire (rimé) du XIXe siècle. Dilgo Khyentsé Rinpoché incarnait toutes les qualités d'un grand pratiquant. Ayant passé plus de vingt ans en retraite et étudié auprès de nombreux maîtres accomplis, il consacra sa vie au bien d'autrui. Il est mon maître-racine.

regarder, faute de quoi nous ne débusquerons jamais nos turpitudes et nos défauts, quel que soit le nombre de glaces qui nous entourent. Quand on nous tend un miroir et même si nous avons peur, il faut avoir le courage de s'y contempler. Ce qui exige de changer d'attitude d'esprit. Même au terme de nombreuses années de pratique, ce changement n'est pas automatique. Le maître et les bénédictions de la lignée sont indispensables.

Le fait même de ne pas avoir peur de s'observer dans la glace constitue notre lien essentiel avec le maître, la lignée et la voie. Il y a d'ailleurs quelque chose d'étonnant à voir les différentes sortes d'obscurcissements et le « nettoyage » qui doit être entrepris, et à savoir, en outre, que personne d'autre ne peut le faire à notre place. On développe un intense désir d'approfondir le Dharma et de véritablement intégrer les enseignements bouddhiques dans sa vie. Il ne s'agit pas tant de comprendre intellectuellement les enseignements – ce qui ne fait qu'accroître l'ego – que de les laisser nous pénétrer en profondeur. Il faut toujours vérifier que les instructions des maîtres réduisent réellement l'amour-propre.

En veillant scrupuleusement à faire diminuer l'importance que l'on s'accorde et en laissant davantage d'espace à la vérité, les bénédictions des bouddhas et des bodhisattvas demeureront toujours en nous. Quelles que soient les difficultés rencontrées dans la vie, leurs bénédictions ont le pouvoir de changer toutes circonstances. Pourvu que l'on fasse l'effort de se regarder sans concession dans le miroir, dans cette vie, ou dans la suivante, la réalisation adviendra.

Être capable de pratiquer l'observation de l'esprit de façon joyeuse et mesurée, en l'associant à la conscience de notre propre sagesse et de celle de la lignée, signifie que l'esprit de notre maître est établi en nous. Il n'a plus d'inquiétudes quant à la voie que nous suivons parce que nous sommes devenus autonomes. Nous savons que l'observation introspective mène à la libération et, de ce fait, nous avons le courage de pratiquer cette forme de réflexion sur soi. À ce moment-là, chaque expérience devient elle-même notre propre miroir et nous offre la possibilité de dépasser le cadre étroit des fixations mentales.

Il n'y a pas un niveau d'« ancienneté » à partir duquel cesserait l'observation de l'esprit, pas même au terme de nombreuses années de pratiques et de retraites. Entretenir ce genre de conception prouve que l'on se trompe. On peut certes éprouver une certaine fatigue et ne pas souhaiter aller plus loin, ou bien l'on peut estimer que l'on a atteint le but. Mais la passion de l'analyse ne doit jamais cesser. Elle doit au contraire s'approfondir et croître. Ce désir est en soi un signe d'accomplissement.

En dernier lieu, sur la voie de l'observation de l'esprit, c'est vous qui êtes le seul juge du stade que vous avez atteint, le seul à pouvoir estimer que vous êtes au début, au milieu ou à la fin de ce voyage. Vous seul savez ce qui reste à accomplir et vous seul pouvez le faire. Cela devient facile lorsque vous savez faire le point sur vous-même avec lucidité.

Deuxième partie

L'intrépidité de l'observation de l'esprit

6

L'APPRENTISSAGE DU COURAGE

Les pratiquants qui cultivent le courage deviennent de vrais guerriers. Il ne s'agit pas de déclarer la guerre à des ennemis extérieurs, mais aux forces puissantes de nos tendances habituelles et de nos émotions négatives. Parmi celles-ci, la peur est la plus redoutable. Afin de devenir réellement intrépide, il faut faire l'expérience de la peur : l'affronter change notre perspective et fait naître le courage de défier nos névroses et de découvrir les qualités de l'Éveil, latentes en nous.

À certains moments, la peur et l'inquiétude sont légitimes. En effet, il serait stupide de négliger complètement notre bien-être personnel et notre santé, il serait égoïste de ne pas se préoccuper d'autrui. S'inquiéter du sort des autres, et du nôtre, fait naturellement partie de la bonté inhérente à l'homme. Mais lorsque cette inquiétude nous empêche de vivre, la peur devient un handicap. On se retrouve en train de dire non au monde entier : non à notre karma, non à tout. C'est une façon douloureuse de vivre. Passer son temps à souhaiter que la vie soit différente revient à s'aliéner sa propre existence, autrement dit à vivre malgré soi. On passe alors à côté de la grande richesse de toutes les expériences qui constituent l'existence.

Quelqu'un m'a récemment demandé si j'avais peur de mourir. En vérité, j'ai davantage peur de ne pas vivre ma vie pleinement, d'être entièrement tourné sur moi-même et de ne rien faire d'autre que de me protéger. Aborder la vie avec anxiété revient à recouvrir son canapé d'une housse en plastique de façon à ne pas l'abîmer. Cela vous prive de la capacité d'en jouir et de l'apprécier.

Il faut du courage pour accepter pleinement la vie, pour lui dire oui, pour accepter son karma, son esprit, ses émotions et toutes les situations qui se présentent. Dire oui est le début du courage, qui est lui-même cette ouverture fondamentale permettant d'affronter les vérités les plus dures. Le courage dégage l'espace nécessaire pour faire l'expérience des joies, des souffrances, de l'ironie et du mystère inhérents à la vie.

Il faut une vaillance toute particulière pour faire face aux quatre fleuves de l'existence : la naissance, la vieillesse, la maladie et la mort. Une mère ne peut pas dire au terme de neuf mois de grossesse : « Je ne veux pas accoucher parce que j'ai peur. » Qu'elle ait peur ou non, elle doit aller à la maternité pour donner naissance à son enfant. Les mères le font admirablement. De nos jours, il est rare de trouver courage plus noble.

On ne peut pas dire : « Je ne veux pas vieillir. » On vieillit de jour en jour. La seule façon de bien vieillir est d'accepter le vieillissement. Rien n'est permanent et tout connaît nécessairement une fin. Chaque moment qui naît est voué à la destruction. Si nous acceptons que la vieillesse est le processus naturel du provisoire, notre regard de vieillard étincellera.

On ne peut pas dire : « Je ne veux pas être malade. » La maladie fait partie intégrante de la vie. Notre corps ressemble à une machine complexe constituée de différentes parties mobiles ; il est donc sujet à la souffrance et à la fugacité propre à tous les phénomènes composés. Si vous réfléchissez au nombre de fois où vous devez réparer votre voiture, qui est cependant une machine beaucoup plus simple que le corps, vous serez véritablement étonné de constater que ce dernier fonctionne aussi bien. Si l'on accepte pleinement le fait qu'il est constitué d'éléments composés, on vivra la maladie d'une façon totalement différente !

Enfin, on ne peut pas dire : « Je ne veux pas mourir. » Tout ce qui est né est voué à l'anéantissement. Il nous faudra un courage et une acceptation exceptionnels sur notre lit de mort. Peu importera l'attention aimante que nous auront prodiguée nos parents et nos proches tant aimés, il faudra les quitter. Entretenir un fort attachement à leur égard ne fera que rendre la séparation encore plus difficile. Ce voyage devra s'accomplir seul. Personne ne peut vivre cette douleur à notre place ni empêcher qu'elle survienne. Notre mort fait partie de notre vie. Si nous l'acceptons avec courage et joie, nous effectuerons le passage de ce monde au suivant dans la sérénité.

Aller contre les quatre courants de l'existence revient à bâtir un château de sable au bord de l'océan. Les vagues le détruiront inévitablement. Si l'on n'accepte pas le flux et le reflux de la marée, on s'entêtera à construire ce château de sable, tout en redoutant sans cesse sa destruction. On ne profitera donc jamais de la vie, pas plus qu'on ne fera l'authentique expérience de la vieillesse, de la maladie et de la mort. Mais si l'on accepte le cours naturel de ces trois étapes, et si l'on y réfléchit, il n'y aura ni lutte ni rejet. Quand le jour viendra où l'on sera confronté à l'inéluctable, on n'éprouvera aucune déception et l'on n'aura rien à craindre.

Avec un esprit vaste et ouvert, la peur peut devenir notre meilleure alliée ; dans ce sens, affronter la vie signifiera vivre sa vie. Votre courage vous permet de vaincre le monde du bien et du mal, du juste et de l'injuste, du bien-être et de la douleur. Cette notion de témérité revêt une grande importance pour moi, car mon nom de naissance est Jigmé Namguial, ce qui signifie « Intrépide Victoire ». Mais je pense que ce conseil est valable pour tous les êtres.

7

Trouver un Refuge

L'histoire de la vie du Bouddha montre que ce fut la prise de conscience de la souffrance – la naissance, la vieillesse, la maladie et la mort – qui fut à l'origine de sa quête de libération. De même, notre propre quête de vérité peut être motivée par nos plus profondes peurs. Il faut du courage, on peut même dire qu'il faut du cran, pour voir les choses telles qu'elles sont. Mais, si l'on s'ouvre à cette vérité, on constate alors que la souffrance n'est pas ce qu'elle paraissait être. Être déterminé à regarder la souffrance en face est la condition *sine qua non* à une authentique prise de Refuge.

Nous sommes tous à la recherche d'un lieu où nous reposer, un lieu où nous sentir en sécurité et à l'aise. Et, d'une façon ou d'une autre, nous prenons toujours refuge en quelque chose. Cette recherche d'un refuge est l'expression de notre désir fondamental de bonheur. Elle peut nous mener au Dharma, ou bien déboucher sur des recours aléatoires qui nous laissent totalement vulnérables face aux plus terribles douleurs.

Des refuges précaires

La majorité d'entre nous cherche la sécurité et le réconfort dans le monde phénoménal : dans nos réalisations, nos idées, nos biens ou notre famille. Les possibilités sont innombrables, mais elles sont toutes constituées d'éléments composés, ce qui les rend fluctuantes, changeantes et donc source de douleurs. La souffrance est omniprésente pour tous les êtres sensibles soumis aux quatre fleuves de l'existence. Il n'est pas nécessaire de réfléchir très longtemps pour comprendre que le *samsara* est un refuge précaire.

La plupart d'entre nous cherchent refuge dans les relations affectives. Mais les relations humaines sont complexes et imprévisibles du fait même qu'elles sont fondées sur l'amour-propre. Peu importe l'importance, ou la valeur, qu'on leur accorde en tant que source d'énergie, elles nous contraignent toujours à marcher sur des œufs. Des époux ont beau dormir dans le même lit, partager les mêmes repas, échanger des mots doux, ils n'ont pas pour autant une confiance inébranlable l'un en l'autre. Ce type de rapport peut donc s'avérer épineux et présenter de multiples écueils.

On adore une personne mais, à travers elle, c'est toujours ce « je » que l'on aime le plus. En vérité, c'est à cause de ce « je » que l'on chérit l'« autre ». Cette manière d'aborder le monde est fondée sur la confusion et l'attachement. Tant qu'existera le « je » problématique, il y aura toujours une difficulté avec l'« autre ».

On veut évidemment oublier ce détail du tableau. Profitons simplement de l'existence : prenons des vacances, détendons-nous en famille, tombons amoureux. Tels sont les points de référence qui nous permettent de continuer dans la vie. Mais que se passe-t-il quand ils disparaissent ? Il est difficile de garder son insouciance quand le monde dans lequel on vit s'effondre alors que ses propres attachements sont encore puissants. Mais l'attachement nous persuade d'avaler le breuvage amer de la douleur et de continuer à rechercher ces sources de bonheur vulnérables.

Tels sont les refuges que nous édifions dans le *samsara*. Nous prétendons qu'ils sont infaillibles, mais ils ne cessent de s'effondrer. Ils ne comblent jamais notre besoin de sécurité parce que rechercher la sécurité en dehors de l'esprit conduit à la souffrance et à la peine. Placer tous ses espoirs dans le *samsara* apporte parfois un bonheur temporaire, mais rend aussi plus vulnérable et plus inquiet ; et cette insécurité débouche sur un attachement, une douleur et une confusion accrus. Au bout du compte, il ne nous reste plus aucun recours. Vers quoi se tourner quand on est si fragile et en proie à tant de difficultés ?

Le Refuge infaillible

Les Trois Joyaux sont le seul Refuge à offrir bien davantage qu'une échappatoire à la souffrance : le Bouddha comme guide et source d'inspiration, le Dharma en tant que voie et la Sangha[1] pour compagnon nous donnent prise sur notre souffrance. En outre, ceux qui ont atteint la libération sur la voie nous montrent l'exemple. Ce Refuge nous permet d'exprimer notre détermination à comprendre non seulement notre confusion mais aussi notre sagesse innée.

C'est en identifiant un Refuge authentique et infaillible que nous voyons clairement l'impasse que constituent les autres recours et l'inanité qu'il y a à leur accorder notre confiance. Il ne s'agit pas de rompre toute relation avec les

1. La Sangha est la communauté des moines et des laïcs qui sont engagés dans la voie bouddhique. (*N.d.T.*)

êtres humains, la richesse et la beauté de la vie, mais de comprendre qu'ils ne constituent pas un refuge. Il y a une différence entre le fait d'entretenir des rapports avec le monde et celui de prendre refuge en ces rapports.

Vous seul savez au fond de votre cœur où trouver l'authentique Refuge. Grâce à votre intelligence, vous comprendrez le caractère insubstantiel des préoccupations de cette vie et reconnaîtrez la fragilité de tels supports. Si vous considérez, ne serait-ce que brièvement, les Trois Joyaux, vous constaterez que vous ne vous sentez plus aussi vulnérable ni désorienté.

Si vous aspirez puissamment à prendre refuge en autre chose que l'ignorance et l'amour-propre, vous découvrirez en vous-même un grand courage, même si vous êtes confronté à la maladie, la perte, la haine, la confusion ou à une douleur accablante. Quand vous vous sentez ébranlé jusqu'au tréfonds de vous-même, récitez la prière du Refuge.

Lorsque tout espoir est perdu, tournez simplement votre esprit vers les Trois Joyaux. Vous ne tarderez pas à vous rendre compte qu'ils sont le soutien le plus salutaire. Constater le puissant impact qu'ils ont dans votre vie renforcera votre confiance dans la libération.

Le Refuge et l'observation de l'esprit

Quand on cesse de s'aveugler sur la futilité du *samsara*, on pénètre réellement sur la voie de la libération. Ce pas ne peut être franchi que grâce à l'observation de l'esprit. En effet, nos tendances habituelles nous incitent à ignorer le provisoire, le karma et les souffrances du *samsara*. Nous sommes inconscients de la valeur inestimable que représente cette précieuse naissance humaine ; nous ignorons le potentiel inhérent à notre propre esprit. Nous occultons notre propre vulnérabilité, qui est pourtant la cause de tant de souffrances. Tant que nous restons dans une position de déni, rien ne changera, quand bien même nous prendrions Refuge des milliers de fois. Le déni est ce qui doit être abandonné en premier. Considérer lucidement l'inanité du *samsara* débouche sur un sentiment de désenchantement et de tristesse liés car nous comprenons pleinement que tout ce qui nous avait servi de recours jusqu'à présent, et depuis des temps immémoriaux, s'est avéré faillible. La tendresse et la tristesse[1] à l'égard du monde qui accompagnent cette prise de conscience sont associées à un puissant désir de renoncement. Lorsque l'on aspire à se rapprocher de la vérité, on comprend que seuls les Trois Joyaux constituent l'authentique Refuge.

Il ne s'agit pas ici de faire de la « propagande » pour le Dharma. Vous prenez Refuge pour votre propre bien. Personne d'autre que vous n'en bénéficie ; personne d'autre que vous ne souffre quand vous placez vos espoirs dans le *samsara*. Il s'agit d'un choix personnel : ou vous avez recours au *samsara* ou vous prenez Refuge dans l'Éveil. Mais à un moment donné, vous devez abandonner vos doutes et vous décider.

---

1. En tibétain, *skyo chad*. Tous les grands maîtres considèrent ces états de désenchantement et de tristesse comme précieux, car ils sont la cause qui préside à un authentique désir de renoncement.

8

DANSER AVEC LES HABITUDES ET LES PEURS

Depuis des âges immémoriaux, nous avons pris refuge dans le *samsara* afin de protéger et de flatter notre moi. À force de faire des efforts pour préserver l'identité de celui ou de celle que l'on pense être, on agit sous l'emprise de ses habitudes et de ses peurs. La seule manière de découvrir qui l'on est réellement est d'apprendre à danser avec ses peurs.

« Danser » signifie ici reconnaître l'énergie brute d'une situation et se mouvoir de concert avec celle-ci. D'ordinaire, nous abordons les événements en les évaluant pour déterminer s'ils constituent un avantage ou une menace : « Que puis-je en retirer ? Comment puis-je m'en sortir ? » Nous aimons à croire qu'en abordant les choses avec suspicion ou résistance nous réussirons à les contrôler. Mais, en vérité, notre karma passé continue de se manifester. Au lieu de lutter contre lui, on peut choisir de danser avec lui.

Danser exige d'être conscient de l'espace et des objets qui nous entourent. Il ne s'agit pas de se mouvoir n'importe comment. Danser requiert attention et réceptivité à l'égard de son partenaire. Il est impossible de tout contrôler. Apprendre à se détendre et à danser avec ses craintes permet de les réduire et ménage un espace au sein duquel on prend conscience de ses réponses habituelles. Cela induit un sentiment de profonde sérénité qui imprègne l'être tout entier.

Qui sommes-nous ?

Reconnaître nos habitudes et savoir danser avec elles procure la sérénité. Celle-ci vient aussi d'une connaissance plus intime de notre nature profonde, au-delà de nos comportements habituels et de nos peurs, au-delà des aspects mondains et même spirituels de notre vie qui ne sont que les ornements de l'existence. Les ornements en eux-mêmes ne signifient rien en dehors de la personne qui les porte. Nous pouvons nous identifier à eux mais ils ne sont pas ce que nous sommes réellement. Si on leur accorde une importance démesurée, il semble qu'il n'y ait ni vie ni gratification possibles au-delà. Se concentrer uniquement sur ces parures délétères n'est pas l'authentique voie spirituelle.

Le vrai chemin spirituel consiste à réaliser la véritable nature de notre esprit. Même la bonté et la compassion – qui sont des qualités qu'il faut développer sur la voie – n'en sont que les ornements. Comment méditer sur notre nature de vacuité quand nous nous identifions tout le temps aux diverses tendances de notre esprit ? S'accrocher désespérément à ces propensions est le piège que nous tend l'ego. Il nous faut, à l'inverse, nous détendre dans la vacuité qui est la nature libre et insubstantielle de toutes choses. Telle est notre authentique nature, notre vrai visage.

S'habituer à la vacuité

Familiariser son esprit avec la vacuité signifie se détendre et lâcher prise. On fait directement l'expérience de la vacuité en cessant d'appréhender et de concevoir les apparences en tant qu'entités solides. Lorsque l'on parle d'apparences, il s'agit des apparences extérieures et intérieures telles que les pensées, les émotions et les rêves. Lâcher prise débouche sur une conscience de l'espace intérieur. C'est alors qu'il est possible de voir les ornements de l'espace pour ce qu'ils sont : des expressions de la vacuité. La vacuité est notre plus grande protection contre la peur. Il est inutile de redouter d'être mis au défi parce qu'il n'y a rien de solide à défier. Il est inutile de se cuirasser contre l'éphémère ou de s'attacher à une quelconque forme de sécurité. Tout comme le ciel accueille tous les nuages, nous acceptons tout ce qui nous arrive dans la vie, sans céder à la peur ni à nos inclinations habituelles. Tel est le suprême entraînement de l'esprit.

La maladie, la vieillesse et la mort viendront inexorablement dans nos vies. Mais que peuvent-elles détruire ? Elles peuvent mettre un terme à notre bien-être physique, mais elles ne peuvent anéantir quelque chose qui serait un vrai « moi ». Ce « moi » est l'expérience même de l'espace en soi. Il est ouvert, illimité et libre de peurs. Les effroyables souffrances du monde des hommes, les douleurs de la naissance, de la vieillesse, de la maladie et de la mort, ne peuvent nous détruire. Être à l'aise avec la vacuité libère de la peur.

En nous familiarisant avec notre état naturel, nous ne nous investissons plus dans des choses qui, de par leur nature même, ne sont pas fiables. Tant que nous n'avons pas compris cela, la vie demeure difficile. Les peurs de la petite enfance perdurent à l'âge adulte. Bien que cela soit anormal, c'est un phénomène courant de nos jours. Dans le passé, les gens avaient une meilleure compréhension et une acceptation plus profonde de la vie. Si ces deux éléments nous font défaut, à l'âge adulte, nous serons accablés par le fardeau des terreurs infantiles. Nous avons tellement peur de perdre notre sécurité qu'il y a toujours quelque chose qui nous inquiète.

Si l'on ne sait pas danser avec ses peurs et ses habitudes, c'est-à-dire tenir sa place, maintenir la bonne posture et se mouvoir avec aisance, on est incapable d'y faire face. Il faut donc s'entraîner à les apprivoiser car elles reviennent toujours.

La dynamique de l'insécurité

Si l'on oppose une résistance à la nature du provisoire, l'esprit se retrouve plongé dans l'angoisse et la peur. Nos tendances habituelles s'obstinent à créer un semblant de sécurité : on s'accroche à ses rêves éveillés et à ses fantasmes ; on essaie de tenir les peurs à distance ; on peut même aller jusqu'à vivre une vie en accord avec le Dharma ! Mais cela revient à déplacer les meubles alors que la maison est en feu ! Si l'on n'a pas développé le sens de sa véritable nature, on est pris au piège de cette dynamique de l'insécurité.

L'insécurité et l'isolement sont inhérents au mode de vie moderne. On habite dans la même rue depuis des années, mais on ne connaît pas ses voisins. On travaille dans le même bureau depuis longtemps, mais on ne connaît pas ses collègues – et on n'a même pas envie de se donner la peine de poser des questions. Bien que l'on vive en société, on souffre de solitude, d'impuissance et d'autres émotions dues au fait de ne pas savoir tisser un lien avec le monde.

D'une certaine façon, on peut dire que les personnages que nous voyons à la télévision sont plus réels que les personnes avec lesquelles nous vivons et travaillons. Nous avons l'impression de les connaître et de les comprendre ; le rôle qu'ils jouent nous donne une image précise de ce qu'ils sont. Mais les gens qui peuplent notre vie ne se conforment pas à un scénario, c'est pourquoi essayer de les comprendre provoque des émotions complexes et un sentiment d'insécurité. On est alors persuadé de ne pas savoir comment fonctionner en société, en dehors du fait de respecter les feux rouges et les stops. Quand on a été élevé dans un tel conditionnement, il est difficile de briser la coquille de l'isolement et de la crainte. Les relations sont difficiles parce que l'on a peur d'établir un réel face-à-face avec un maître, une Sangha ou n'importe qui d'autre. Et la difficulté surgit quand nous sommes confrontés aux changements. Qui sommes-nous sans notre café du matin, notre routine quotidienne et notre environnement familier ? Dans notre environnement habituel, nous n'avons pas à affronter ces peurs. Quand les choses changent, nous sommes comme des animaux domestiques lâchés en pleine nature. Comment réagirons-nous quand nous serons confrontés à la vieillesse, à la maladie et à la mort ?

Quelle que soit l'ampleur des changements, on peut toujours créer un lien avec sa nature fondamentale et sa paix intérieure. Il devient alors inutile de s'acharner à tout contrôler. Afin de garder ses peurs à distance, il n'est pas indispensable d'exercer la même profession, de jouer avec les mêmes amis, de manger la même nourriture toute sa vie.

L'aspect dynamique de l'incertitude

La plupart des peurs naissent de l'incertitude. Il n'est bien sûr pas très amusant de savoir tout ce qui va se passer d'avance : cela revient à aller dans un restaurant où l'on a déjà goûté tous les plats affichés sur le menu. Mais lorsque l'on est paralysé par la peur, on est incapable de mettre un pied devant l'autre à moins de savoir ce qui va se passer. Notre vie est tellement régie par l'angoisse que nous n'avons même plus l'impression qu'elle nous appartient.

Mais si l'on est capable d'accepter l'incertitude, on peut alors s'imprégner de son aspect dynamique. La vie est beaucoup plus simple quand on laisse les choses se dérouler. Il n'est plus indispensable de se retrancher dans la quotidienneté familière. On affronte directement les expériences de la vie, quelles qu'elles soient. Si l'on cesse de lutter contre l'expérience que l'on traverse, le sentiment de subir les situations ou d'être à leur merci disparaît. Et l'on ne se sent plus obligé de parvenir à tout prix à un état d'esprit paisible, aimable, etc. Il suffit d'être simplement présent.

Au fur et à mesure que nous observons notre vie se déployer naturellement au sein de l'espace, nous comprenons que nous sommes nous-mêmes cet espace. Et, tel un jardin spacieux orné de multiples fleurs, toutes nos expériences, y compris nos habitudes et nos peurs, deviennent les ornements de cette immensité. L'espace primordial de la présence éveillée, libre de tout obstacle, est la richesse dont il est question du début jusqu'à la fin de la voie. C'est parce que notre nature est vaste, illimitée, qu'il nous est possible de fonctionner, d'évoluer dans l'espace. Sans cela, tout mouvement, tout changement serait impossible. Mais, grâce à cet espace, tout est possible !

9

La dynamique de l'illusion

Puisque notre nature est totalement libre, pourquoi l'esprit lutte-t-il et tourne-t-il ainsi sur lui-même comme une toupie ? Qu'est-ce qui alimente cette dynamique ?

Les textes disent que les êtres « tournent » dans la dynamique de l'illusion samsarique. L'illusion, ou *trulpa* en tibétain, est simplement le fait de voir ce qui n'est pas réellement là. La racine de cette perception erronée est l'ignorance. Il est étonnant et douloureux à la fois de constater qu'à partir de cette mauvaise sinterprétation persistante se manifeste un monde totalement conditionné, alimenté par la loi de cause à effet.

La locomotive qui tire cette illusion est l'esprit conceptuel, avec ses cohortes de pensées et de croyances. Il y a la croyance subtile en un moi solide qu'il faut protéger et adorer. Il y a les pensées grossières au sujet de ce qui est bien et mal, les préférences et les aversions, les amis et les ennemis, les possibilités et les impossibilités. Parfois, nous avons délibérément recours à notre esprit conceptuel, à d'autres moments, il s'agit d'un acte involontaire ; mais l'esprit conceptuel, lui, intervient tout le temps. Son processus de catégorisation de l'expérience fondée sur nos préférences et nos croyances ne s'arrête jamais.

Que nous en soyons conscients ou non, la plupart du temps nous sommes pris dans cette dynamique effrénée. Sans nos repères catégoriels, nous sommes incapables de nous frayer un chemin dans le monde et avons plus de mal encore à nous définir en dehors du cadre référentiel de nos préférences et de nos opinions. Mais, en vérité, ces notions ne font qu'enflammer nos émotions et sapent toute chance de trouver la paix. Les concepts et les croyances sont pareils à la cire d'une chandelle : alimentées par la cire, les émotions sont comme des flammes qui maintiennent la dynamique de l'illusion.

Le pouvoir des pensées et des croyances

Les pensées surgissent sans cesse, d'un moment à l'autre ; elles ne sont parfois même pas associées les unes aux autres. Ainsi, une simple pensée bienveillante sur laquelle se fixe l'esprit peut remplir notre espace intérieur et changer le cours de notre vie. Ce phénomène se manifestera plus particulièrement si nous avons les germes karmiques (ou la propension) qui nous poussent à aller dans une direction particulière.

Une histoire tibétaine illustre parfaitement le pouvoir d'une pensée demeurée inconsciente. Un homme avait décidé de renoncer à sa vie de fermier pour faire une longue retraite dans la montagne. Il pratiquait avec tellement d'assiduité qu'il avait acquis le pouvoir d'accomplir des miracles. Un jour, un voyageur lui donna une petite poignée de graines d'orge. L'homme réfléchit : « Je peux les manger maintenant ou bien les planter pour les récolter plus tard. Si je les sème, je serai autonome et je n'aurai plus à dépendre de quiconque pour ma nourriture ! » C'est donc ce qu'il fit. Son projet réussit tant et si bien qu'il récolta un champ entier d'orge. Aussi, parce qu'il n'avait pas examiné sa pensée à la lumière de la voie spirituelle, passa-t-il le reste de ses jours totalement accaparé par les travaux agricoles.

Nous devons également avoir conscience des croyances que nous entretenons. Dans quelle mesure influencent-elles notre vie ? Concourent-elles vraiment à la réalisation de nos aspirations à la paix et au bonheur ? Que ces croyances soient politiques, sociales, religieuses, ou même altruistes, ne pose pas nécessairement un problème. Mais dès lors que l'importance de soi s'y trouve mêlée, elles sont investies d'une dimension émotionnelle et induisent des réactions de même nature. Quand l'amour-propre prédomine, on devient hypocrite et infatué de soi-même et on perd toute la dignité de son intelligence. C'est alors qu'il faut prendre du recul afin de réorienter sa perspective. Jusqu'à quel point nos opinions sont-elles importantes ? En quoi le fait de nous y accrocher avec tant de fermeté, comme si elles avaient une existence intrinsèque, nous aide-t-il ? Garder l'esprit ouvert signifie-t-il que l'on désavoue son système de croyances ? Soumettre ses croyances et ses émotions subtiles à l'analyse d'une conscience claire grâce à l'observation attentive de son esprit permet de savoir sur quels points travailler.

À y regarder de plus près… En Occident, on dit souvent que le sexe, l'argent et le pouvoir sont les motivations dominantes. Peut-être pensez-vous : « Tout cela ne m'affecte pas ; mes motivations sont différentes. Je n'ai pas à travailler sur ces points-là. » Mais regardez de plus près et vous verrez les choses sous un autre angle.

Une nuit, j'ai rêvé que j'étais accusé d'être motivé par la sexualité, l'argent et le pouvoir. Au réveil, je me suis dit : « C'est ridicule ! Je fais un travail personnel et spirituel depuis trop longtemps pour me laisser prendre au piège de choses aussi triviales. La personne qui m'accuse déraille complètement ! » Cependant, lorsque j'ai considéré cette possibilité en toute honnêteté, j'ai constaté que c'était vrai : non pas de façon flagrante, comme dans les films, mais sur le plan de ma psychologie personnelle. J'ai vu qu'il existait en moi un puissant désir de m'unir à une autre personne, ce qui est une manière d'être pris au piège de la sexualité. Bien que j'aie pris garde d'éviter tous les leurres ordinaires du pouvoir, à un niveau subtil, je désirais ardemment influencer les gens et avoir un impact sur eux. Cet attachement au pouvoir est à l'origine de tous les désirs de puissance, flagrants, effrénés et dévastateurs. Quant à l'argent, j'ai constaté que j'aimais énormément la liberté qu'il permettait d'acheter comme de voyager, de faire des retraites, d'aider autrui. Cet attachement subtil était présent, même s'il servait des intentions positives.

En examinant nos pensées et notre système de croyances, nous mettons à nu nos attachements subtils. Lorsque ces concepts sont exposés au grand jour, ils n'ont plus de pouvoir sur nous.

Comprendre au-delà de l'esprit conceptuel

L'esprit conceptuel ne devient un obstacle que s'il est ancré dans l'amour-propre et l'attachement. Les pensées, en elles-mêmes et par elles-mêmes, sont illusoires, fluctuantes et insaisissables. Elles sont neutres dans le sens où elles peuvent soit nous aider, soit nous entraver. Si l'on comprend leur nature de vacuité, on peut les utiliser à notre avantage sur la voie.

L'esprit conceptuel a l'extraordinaire pouvoir d'enrayer la dynamique de l'illusion et de nous rapprocher de la vérité. Ainsi, l'étude et la contemplation du Dharma peuvent dissiper notre ignorance. L'idée de faire le bien des autres peut immédiatement dissoudre la souffrance liée au sentiment de l'importance de soi. Ainsi utilisé, l'esprit conceptuel, bien qu'illusoire, est une force puissante qui contrecarre la dynamique de l'illusion.

Toutefois, c'est en appréhendant les choses au-delà de l'esprit conceptuel que l'on contrecarre le plus efficacement l'illusion.

10

Ralentir

Ralentir ne signifie pas nécessairement méditer. Cela implique d'être davantage conscient de l'espace dans sa vie, que cet espace soit extérieur ou intérieur. Cela signifie aussi ne pas se précipiter au cinéma ou se transformer en zombie devant la télévision chaque fois que l'on a du temps libre. Faites quelque chose de plus naturel : prenez le temps de vous balancer dans un fauteuil à bascule, asseyez-vous dans le jardin et regardez les lis.

Pour ralentir, il faut nous relier à l'espace de notre vie et de notre esprit. Il est particulièrement important de réduire notre rythme quand nous traversons des difficultés. Or, dans ces circonstances-là, la majorité d'entre nous a précisément l'habitude de forcer l'allure. Il n'est pas facile de faire une pause pour devenir vraiment conscient de ce qui se passe ; et pourtant, en fin de compte, cela vous sera extrêmement bénéfique.

Certaines personnes sont tellement survoltées qu'elles semblent avoir de la caféine à la place du sang, même si elles ne boivent pas de café. Être dans un état d'agitation permanente est le signe d'un manque de *lungta*, ou d'énergie naturelle. Dès le réveil, nous sommes tendus par toutes les exigences de la vie. Nous devons essayer, au fil du temps, de ralentir le rythme. Si nous ménagions un peu d'espace dans nos vies, nous ne courrions pas comme des robots dès le saut du lit. Nous serions plus présents à ce que nous faisons tout au long de la journée. Il existe un proverbe tibétain dont l'expérience m'a montré la justesse. Les personnes qui ont trop de *lungta* s'occupent de leurs cheveux et de leur tête dès qu'ils se réveillent ; celles qui ont un *lungta* faible mettent d'abord les pieds dans leurs chaussures (ou leurs pantoufles). La personne qui a un bon *lungta* n'est pas toujours survoltée. Quand vous vous réveillez le matin, asseyez-vous et soyez conscient de votre corps. Puis occupez-vous de vos cheveux, de votre visage et continuez en parcourant graduellement les différentes parties du corps selon un mouvement descendant. Essayez de ne pas mettre d'emblée les pieds dans vos souliers. C'est ce que j'avais l'habitude de faire et ma mère ne manquait pas de me rappeler ce proverbe.

Différencier sa propre nature de ses habitudes

Au fur et à mesure que vous ralentirez votre rythme, vous remarquerez quelque chose de très intéressant. En faisant l'expérience d'un esprit plus vaste, vous constaterez qu'une plus grande distance s'instaure entre vos réactions émotionnelles et vous-même. Vous réagissez sans doute encore selon des schémas habituels, mais ces réactions ne vous talonnent plus de la même façon. Vous aurez ainsi peut-être une réaction d'attachement, mais sans vous sentir vraiment attaché ; vous pourrez dire une chose avec agressivité, sans pour autant éprouver véritablement l'émotion de la colère. Vivre l'émotion avec ce décalage est le signe que l'on commence à différencier sa vraie nature de ses habitudes.

Il est important de comprendre que ces réactions émotionnelles ne sont pas ce que nous sommes réellement. Elles proviennent de conventions sociales acquises, c'est-à-dire qu'elles sont issues de valeurs inculquées et de réactions apprises. Par exemple, vous répondez avec agressivité si quelqu'un vous fait une queue de poisson sur l'autoroute, parce que vous avez vu les autres agir de cette façon en pareille circonstance. Dans ces moments-là, essayez de ralentir et de réfléchir à vos réactions.

Vous constaterez qu'elles ne cadrent pas avec vos réactions naturelles. Nombre de nos tendances habituelles s'enracinent dans les semences karmiques d'un passé qui nous échappe. Elles gisent, latentes, dans la conscience de l'*alaya*[1] jusqu'à ce que des causes et conditions particulières les réactivent. C'est dans ces moments-là que nous réagissons avec attachement, jalousie, insécurité ou agression. Peu importe d'où viennent ces semences, il faut apprendre à se dissocier de ses tendances névrotiques habituelles. Ce qui ne signifie pas qu'il ne faille pas réagir aux circonstances, mais être conscient de ses réactions. Comprendre que ses tendances ne sont ni permanentes ni solides permet d'établir avec celles-ci un rapport à la fois intelligent et bienfaisant.

Lorsque nous ne sommes pas conscients de nos émotions, elles nous submergent. C'est le monde à l'envers. Dans l'esprit qui réagit automatiquement aux émotions s'élève un puissant sentiment d'agression dirigé contre soi-même. Qualifier nos émotions d'épouvantables ou de mauvaises dénote une tendance puritaine. Ce réflexe rigoriste implique que les émotions ne devraient pas se produire, que nous devrions être aussi purs

---

1. Appelée « conscience base de tout », la conscience de l'*alaya* est une fonction de l'esprit qui emmagasine les empreintes karmiques du corps, de la parole et de l'esprit qui viennent à maturation lorsque les différentes causes et conditions sont réunies. Bien qu'elle semble relativement neutre et inactive, comparée aux autres aspects dynamiques de l'esprit tels que les consciences sensorielles et mentales, elle est le réceptacle de toutes les tendances erronées de l'esprit. On fait l'expérience directe de l'*alaya* dans la première phase du sommeil, juste avant l'état de rêve.

et éveillés qu'un Bouddha. Toutefois, essayer de refouler ses réactions ne fait que retarder leur explosion. Au lieu de cela, essayez plutôt de travailler sur votre esprit avec davantage de maturité, en reliant ces états émotionnels à la pratique.

La différence entre ne pas réagir et refouler la réaction émotionnelle réside dans la présence éveillée, la pleine conscience du moment. La clé consiste à demeurer conscient de la nature de la réaction et de son expression. Souvenez-vous que ces tendances habituelles ne proviennent pas seulement de cette vie, mais de nombreuses existences au cours desquelles nous avons eu l'habitude de réagir de la même façon. Aussi complexes, profondes et difficiles à tirer au clair que puissent être nos tendances, elles ne doivent pas nous intimider, parce que nos habitudes mentales ne sont pas ce que nous sommes vraiment. Telle est la différence entre notre véritable nature et nos habitudes.

Accroître la confiance en soi

Si nous ne sommes pas en proie à une trop grande confusion ni trop durs avec nous-mêmes, nous serons en mesure de découvrir qu'au-delà de nos réactions habituelles se trouve une vision plus juste et plus saine. Le fait de s'identifier moins à nos habitudes et davantage à notre nature fondamentale rend les choses plus légères. En octroyant davantage d'espace à notre esprit, nous accordons moins d'importance à nos réactions. On les observe alors de la même façon que l'on regarderait des enfants jouer ensemble, c'est-à-dire en sachant qu'ils ne vont pas tarder à se lasser.

À force d'examiner nos habitudes et nos réactions, nous acquerrons davantage confiance en nous-mêmes. Nous ne perdrons plus le sens de cette vision plus juste et plus équilibrée et nous ne nous identifierons plus à nos réactions. Le fait d'être moins préoccupé par le « sujet réagissant » permet de se dégager de cette conception puritaine, c'est-à-dire du réflexe d'agression contre soi-même qui consiste à concevoir un « mauvais moi ». Même sans avoir atteint l'Éveil complet, nous sommes à même de comprendre que les schémas de réactions habituelles n'ont aucune solidité. Rien n'est tout à fait blanc ni tout à fait noir. Parvenus à ce point, nos réactions ne représentent plus de danger, dans le sens où elles ne risquent pas de créer un karma négatif. De la même façon, nos pensées n'engendrent plus un puissant karma lorsque nous cessons de nous y impliquer. Il est très important de parvenir à cette forme de maturité.

Celui qui se prépare à livrer bataille observe son adversaire. De même, il nous faut examiner nos réactions émotionnelles. Nous tombons dedans comme dans tous les pièges du *samsara*, quels que soient nos efforts pour les éviter. Il est beaucoup plus difficile de se colleter à nos réactions émotionnelles qu'à nos sensations physiques : on peut faire des exercices physiques jusqu'à ressentir une brûlure dans les muscles ; on peut supporter un mal de tête lancinant avant de prendre de l'aspirine ; mais on a une capacité de résistance minime face au chaos émotionnel et à la confusion.

Il est très important d'apprendre simplement à se détendre face à la dépression, à l'insécurité et à la peur. Il n'est pas nécessaire de qualifier de telles sensations de « mauvaises » ou de « désagréables » ; il est inutile de vouloir les éliminer. Laissez-les telles quelles. C'est beaucoup plus simple et beaucoup plus efficace que l'évitement ou la fuite, qui, de toute façon, sont voués à l'échec. On découvrira le potentiel d'Éveil des émotions si l'esprit est suffisamment vaste pour les accueillir. Être capable de reconnaître l'incroyable énergie contenue dans un sentiment tel que la peur permet de l'affronter avec intrépidité.

On ne se sent plus en position d'infériorité par rapport à ses émotions, mais dans la peau d'un lion ou d'un guerrier, un guerrier assis bien droit sur la terre ferme avec le ciel au-dessus de lui. C'est ainsi que l'on développe une réelle confiance. Notre être dans sa globalité devient beaucoup plus authentique, notre attitude est beaucoup plus juste, quoi que nous fassions, sans parler de notre état d'esprit.

Faire face à la dépression

Aborder la dépression avec une conscience vaste apporte les mêmes bénéfices. Très souvent, les gens dépressifs s'en veulent énormément. Tant que l'on ne comprend pas ce que recouvre la dépression, celle-ci pèse de tout son poids sur nous. Mais si l'on sait s'y prendre, on devient capable d'instaurer un plus grand espace entre elle et nous et, simplement, de la laisser telle quelle.

Le plus souvent la dépression survient quand ressurgissent les conflits obscurs et refoulés que l'on a toujours évité de voir en face. Cela peut se traduire par une sensation de nœud dans la poitrine ou par un épouvantable sentiment d'angoisse. On peut avoir l'impression que la terre s'ouvre sous nos pieds et que l'on tombe dans le désespoir des sphères inférieures. Ou bien on a simplement le cafard.

La dépression s'accompagne souvent de fortes sensations physiques. Dans la tradition tibétaine, ce malaise porte le nom de *sok lung*, ou « déséquilibre de l'élément vent[1] ». Mais peu importe ce que l'on ressent : rappelez-vous que la

---

1. *Ou srog lung* en tibétain écrit, ce qui signifie littéralement « le vent qui circule dans le canal de la force vitale ». Selon la terminologie médicale tibétaine, cela fait référence à un déséquilibre physique lié à la perturbation de la circulation du souffle dans le canal central. Cela provoque généralement la dépression, l'anxiété et la paranoïa.

dépression n'est qu'une « expérience ». Et celle-ci peut s'avérer très précieuse pour comprendre les nuances et le fonctionnement de son esprit. Quand on y parvient, on se sent beaucoup plus libre et moins peureux.

Que la dépression soit physique ou mentale, l'important est d'essayer de se détendre. Laissez simplement l'état dépressif tel quel, sans l'alimenter par des réactions de peur, que celle-ci soit physique, mentale ou émotionnelle. Il ne sert à rien de lutter contre ses propres réponses habituelles ni de s'identifier à elles. Cela ne fait qu'accroître l'impression de leur solidité et il sera encore plus difficile d'y faire face. Au début, faire l'expérience de la dépression ne porte pas vraiment à conséquence ; ça ressemble plutôt à un mal de tête. Si l'on est capable de vivre l'épisode avec une conscience pleine et vive de cet état, la dépression ne dominera pas notre vie.

Il est très important de toujours garder présente à l'esprit cette vérité fondamentale : la souffrance est un événement qui n'affecte pas que notre petite personne ; elle fait partie intégrante de la vie ; nous la partageons tous. Vivre la souffrance en essayant de maintenir une pleine conscience, plutôt que de la ruminer et de la jauger, permet d'approfondir et d'intégrer cette idée. Toute sensation comporte un aspect de pleine conscience qui nous permet d'apprécier chaque expérience, quelle qu'elle soit.

Audace et patience

Lors de la pratique, l'esprit doit être posé. Il est inutile de se laisser malmener par chacune de ses émotions et pensées ou de les redouter. Il ne faut pas ressembler au chien qui se roule sur le dos et abandonne avant le début du combat. Quand nous sommes confrontés à nos puissantes habitudes, nous avons souvent l'impression de ne pas faire le poids.

Mais l'esprit qui pratique est capable d'accueillir la gamme infinie des pensées et des émotions. Il ne faut jamais se laisser intimider par son propre esprit.

Toutes nos tendances habituelles, nos difficultés et nos douleurs proviennent de l'amour-propre. L'attachement au moi est une puissante habitude. Il ne faut pas escompter qu'elle disparaisse du jour au lendemain. On peut considérer ce sentiment de l'importance de soi comme un vieux tyran qui ne nous laisse jamais tranquilles. En venir à bout requiert audace et patience.

Quand j'étais enfant, dans mon village en Inde, il y avait une petite brute qui s'en prenait toujours à moi. Je m'enfuyais invariablement quand il m'attaquait. Un jour, j'ai décidé de rester là, debout. Il a tout d'abord tourné autour de moi. Puis il s'est trouvé complètement désemparé. Alors il est parti. Nous pouvons affronter nos habitudes de la même manière.

Les êtres sensibles possèdent différents degrés de maturité, mais nous disposons tous du même potentiel à partir duquel tout est réalisable. Il ne s'agit pas ici de faire de prodigieuses expériences méditatives, mais de gérer nos expériences quotidiennes en faisant preuve d'une relative conscience éveillée, en nous servant de notre entraînement et de notre pratique spirituels comme supports.

Aussi, ne pensez pas qu'en devenant un pratiquant vous devrez renoncer aux multiples aspects de votre esprit. Cela constitue une conception erronée de la voie spirituelle. Le fondement de la pratique est l'expérience directe que vous faites de chaque situation, quel qu'en soit le contenu. Il ne s'agit pas de jouer avec les émotions ni de s'y complaire. Donnez-leur de l'espace pour se déployer et regardez-les telles qu'elles sont.

11

MORDRE À L'HAMEÇON

Quand on observe le fonctionnement de son esprit, il est important de regarder en face la manière dont on s'acharne à créer la souffrance. Celle-ci est engendrée par la lutte constante de l'ego qui « se cramponne » au monde. Cet agrippement est notre façon d'essayer de séduire le monde afin de rassurer notre sentiment du moi.

S'accrocher au monde est censé nous rendre heureux et nous procurer un sentiment de contentement ; au lieu de cela, nous nous retrouvons pris dans un rapport malsain et pénible à la société et aux gens. C'est précisément là que se trouve la cause de notre problème. Quand nous essayons de prendre le monde et les êtres qui l'habitent au bout de notre hameçon, d'innombrables espoirs, peurs et difficultés surgissent. Toutes les profondes angoisses, douleurs et insécurités proviennent du fait que nous ne parvenons pas à nous approprier le monde, pas plus que nous ne sommes capables de relâcher notre emprise sur lui.

Si nous voulons nous libérer du *samsara*, à quoi cela sert-il d'essayer de le tenir au bout de notre ligne ? Cette contradiction fait naître toutes sortes d'états de confusion et d'émotions douloureuses.

Dharma et audace

Il semble que nous nous donnons toujours de bonnes raisons de continuer à nous accrocher à ce monde : cela va nous être utile, nous apporter toutes les satisfactions et tous les avantages que nous souhaitons. Si nous ne sommes pas dans l'agitation constante qui consiste à être rivés à tous les aspects mondains de l'existence, nous avons l'impression d'être inutiles, de vivre dans un désert stérile. Quelle que soit la raison, nous avons le sentiment qu'il nous faut toujours avoir quelque chose, n'importe quoi, au bout de notre hameçon. Et si rien ne frétille au bout de la ligne, l'idée de renoncer à attraper quelque chose nous donne l'impression de ne plus avoir aucune raison de vivre. À tort ou à raison, nous estimons qu'il est impossible d'exister sans ce petit univers. Cette profonde insécurité est la cause de tous les attachements. Et c'est précisément sur l'attachement qu'il nous faut travailler.

Quelle que soit notre détermination, il est pénible d'affronter le problème de l'insécurité, parce qu'il est difficile de renoncer à la notion de moi. Pour nous affranchir de l'attachement, il faut nous libérer de l'attachement au moi alors que notre plus grande terreur, plus puissante encore que la crainte d'une épidémie mortelle, est celle de perdre notre sentiment du moi. Pourtant, quelle que soit notre épouvante à l'idée de trancher les liens de l'attachement, y compris l'attachement à la notion de moi, il faut y faire face car tel est le thème central du Dharma.

La pratique doit conduire à une remise en question des habitudes qui consistent à bâtir sa vie sur ses insécurités alors qu'il vaudrait peut-être mieux la construire sur une base de non-attachement. Cela exige de l'audace et du courage. Sans le courage que procure le détachement, il est impossible d'observer le fonctionnement de l'esprit, parce que l'on est trop occupé par ce que l'on veut être.

Qu'est-ce qui nous lie vraiment ?

En ce monde des hommes, les biens terrestres tels que la nourriture, des vêtements et un toit seront toujours indispensables. Peu importe que l'on vive dans une grotte ou dans une grande maison remplie d'objets précieux : l'attachement est ce qui détermine le degré d'assujettissement aux choses. En l'absence d'attachement, les choses ne nous enchaîneront pas, que l'on en possède une ou mille.

Les grands renonçants des traditions chrétienne et bouddhiste, tels que Jésus, le Bouddha, saint François d'Assise et Milarepa[1], sont respectés parce qu'ils étaient libres des biens et des buts de ce monde. Ils possédaient très peu de chose mais, surtout, ils s'étaient libérés de tout attachement : c'est ce qui fait d'eux des êtres hors du commun.

Devenir un ascète comme Milarepa ou les grands maîtres du passé est un accomplissement extraordinaire. Mais en soi et par soi, ce n'est pas si important. Ce qui compte, c'est de se libérer de la façon dont on s'ancre dans ce monde ; et il n'y a pas de point d'ancrage plus fort et plus profond que l'attachement au moi. Choyer et protéger son moi est la cause de l'attachement, des peurs, et du sentiment d'insécurité.

---

1. Milarepa (1040-1123) fut un très grand yogi tibétain, particulièrement célèbre pour ses chants de réalisation grâce auxquels il enseignait le Dharma à tous ceux qui croisaient son chemin. Il est également renommé pour avoir affronté de grandes épreuves afin d'atteindre l'Éveil complet.

L'ego nous convainc qu'il est nécessaire de cajoler complaisamment ce moi en resserrant notre emprise sur le monde. De cet effort incessant jaillissent en un bouillonnement inépuisable toutes les souffrances du *samsara*, comme une source intarissable dont nous serions l'origine.

Aussi, lorsque vous essayez d'attraper quelqu'un ou quelque chose au bout de votre hameçon, demandez-vous : « Que suis-je en train de faire ? Est-ce que je le veux vraiment ? Est-ce que j'en ai réellement besoin ? Est-ce que ça va soulager ma souffrance et m'apporter le bonheur, ou juste me compliquer la vie et perpétuer mes habitudes ? » Examinez bien, également, ce à quoi les autres pensent que vous devriez vous accrocher. « Prends, prends, tiens bon, tiens bon » : ces pensées ne vous sont pas venues toutes seules. La société a une idée bien précise de ce que doivent être ces points d'attachement, de la façon de les développer et de les maintenir. Aussi, très souvent, nous ne faisons que suivre ce que les autres veulent eux-mêmes saisir, quand bien même cela ne serait pas forcément bénéfique pour nous.

Le Dharma enseigne qu'en cette vie nous nourrissons pardessus tout le désir ardent de nous libérer de l'attachement et du sentiment d'insécurité. Nous cultivons l'aspiration profonde à dénouer nos liens mondains et à développer le non-attachement, la vacuité, l'absence d'ego, la nature des choses telles qu'elles sont[1]. Et lorsque nous pourrons enfin

---

1. L'absence de soi, ou absence d'ego, est le mode d'être réel du « soi » et des phénomènes. L'absence d'ego désigne le fait de comprendre et de réaliser qu'il n'y a pas un soi solide, singulier, permanent à l'extérieur et à l'intérieur de la forme, des sensations, des perceptions, des formations mentales et de la conscience. Ce « soi » n'est rien d'autre qu'un concept que l'on impute aux différents agrégats qui constituent

dire : « C'en est fini de cette vie mondaine », nous aurons parcouru une étape fondamentale de la vie spirituelle, parce que le but de celle-ci est précisément de se libérer des chaînes de l'attachement au monde. Parvenu à ce stade-là, il est alors possible de simplement jouir du déploiement de sa propre vie. Sans éprouver le moindre besoin d'obtenir de multiples choses, de s'y accrocher ou de les rejeter, on demeure dans une simple présence au monde. On observe et on apprécie à sa juste valeur le karma qui se déploie chaque jour. On est enfin libre des liens qui nous retenaient prisonniers des situations mondaines, de leurs semences karmiques et de toutes les conséquences dont ces dernières sont porteuses. Il n'est pas nécessaire d'être un ascète pour atteindre ce but. L'ascétisme est un moyen de transcender l'attachement à l'ego en exerçant un strict contrôle sur les biens matériels. Toutefois, même si extérieurement on ne dispose plus que d'un bol pour manger, il se peut qu'intérieurement on nourrisse toujours un puissant attachement à la notion de moi. Quand on parvient à un état de détachement intérieur, l'apparence extérieure des choses n'a plus d'importance. On peut même s'attacher sciemment à certaines choses : il s'agit dans ce cas d'utiliser un moyen habile pour atteindre un but plus élevé, tout en appréciant à sa juste valeur tout ce qui se présente sur le chemin.

S'accrocher aux multiples facettes de ce monde ne peut que nous plonger dans de graves difficultés parce que cette

---

notre champ d'expérience. Dans ce sens, l'ego est dénué d'existence propre. L'absence de soi des phénomènes est la compréhension que tous les phénomènes sont interdépendants, ce qui signifie qu'ils sont dépourvus d'existence intrinsèque et objective. Ils n'existent que sur le mode relatif. Lorsque l'on prend pleinement conscience de leur mode d'être réel, c'est-à-dire de leur vacuité d'existence propre, on comprend alors l'absence d'ego ou de soi de tous les phénomènes.

attitude provient d'une insécurité fondamentale. Quand vous vous surprenez à penser : « Je veux ça, il me le faut, je ne peux pas m'en passer », demandez-vous s'il ne s'agit pas de votre insécurité qui demande à être alimentée. Et si vous l'alimentez, regardez si ça vous est bénéfique. Votre esprit s'en trouve-t-il soulagé, plus heureux, cela lui a-t-il permis de faire l'expérience, même fugitive, de l'état d'Éveil ? Si ce n'est pas le cas, alors pourquoi vous compliquer la vie ?

Petits et grands désirs

Avoir de grands désirs est source de profondes souffrances. Ainsi, vouloir être président représente un objectif d'envergure. Notre esprit comprend immédiatement les épreuves et les difficultés quasiment insurmontables que comporte une telle ambition. Nous savons que ce projet est irréalisable et nous l'abandonnons très vite.

En revanche, les petits désirs causent davantage de tourments. Ces désirs subtils surgissent tous les jours, toutes les heures, à chaque moment, et, d'ordinaire, nous n'y prêtons pas grande attention. Nous n'en sommes parfois même pas conscients. Si nous leur accordons une quelconque attention, nous les considérons alors comme sans importance et raisonnables. Qu'y a-t-il de mal à boire une tasse de café ou à manger une tablette de chocolat, même si ce n'est par recommandé pour la santé et si ça risque de me rendre malade ? Pourtant, ces désirs mineurs occupent beaucoup plus d'espace dans notre esprit que les grandes ambitions et engendrent davantage de souffrances.

De la même façon, on comprend parfaitement qu'entretenir le grand désir d'avoir une liaison avec une célèbre star de cinéma est tout à fait déraisonnable et on renonce en général vite à cet objectif, aussi tentant soit-il. Mais que se passe-t-il dans le cas d'une personne plus accessible ? Il est plus facile de l'attirer dans nos filets. Ces désirs plus modestes sont précisément ceux-là mêmes qui nous piègent. Ils proviennent des semences latentes de l'attachement au moi et nous retiennent dans le *samsara*.

Savoir apprécier ce que nous avons permet de réduire les désirs incontrôlés : il n'est dès lors plus nécessaire d'être toujours à l'affût de choses insignifiantes et nous ne nous laissons plus prendre au piège de la mesquinerie de notre esprit-moi. Ainsi, nous ne commettrons plus l'erreur de penser que ces petits désirs n'ont pas de grandes conséquences, c'est-à-dire d'effets douloureux. La douleur est présente au moment même où nous cédons au désir et nous restons arrimés au cycle des souffrances infinies du *samsara*. Si nous comprenions réellement dans quel bourbier nous nous engageons, nous ne nous enchaînerions jamais à ce moi et à sa cohorte d'attachements et de désirs. Nous serions beaucoup plus conscients et bien moins naïfs, et nous mettrions tout en œuvre pour nous en libérer.

Imaginer l'inimaginable

Il est très difficile de renoncer à toutes les habitudes anciennes et, plus qu'à toute autre, c'est à la notion de moi que l'on est le plus attaché. En général, l'idée de lâcher prise engendre peur et insécurité. C'est comme si on s'était cogné la tête avec un marteau pendant une éternité et que l'on avait peur d'arrêter par incapacité d'imaginer le soulagement que l'on éprouverait. Les habitudes engendrent ce type de peur. Pour effrayante que paraisse l'idée de renoncer à l'attachement que l'on a pour sa famille, ses amis et ses biens, rien ne semble plus abominable que d'abandonner tout ce que l'on adore sous le nom de moi, aussi bien au niveau idéologique que pratique.

Il est très difficile de s'imaginer dépourvu de son moi. C'est comme ne plus avoir de maison où revenir. Il nous est inconcevable de vivre sans cette forme de sécurité.

Cet état inimaginable déclenche en nous une profonde peur et engendre une insécurité abyssale. C'est alors que s'amorce le processus de saisie du monde ; nos vies se compliquent et s'encombrent de biens extérieurs dont elles dépendent. La saisie s'opère au niveau spirituel et mondain et nous incite à nous accrocher à des choses dont nous n'avons pas besoin mais qu'il nous semble indispensable de posséder. Au lieu de nous aider à vivre pleinement notre vie, cette maison nous enchaîne. Sans celle-ci, nous pourrions vivre en toute simplicité et en toute liberté.

Mais cette « maison » est-elle aussi indispensable que nous l'imaginons ? Peut-être pourrions-nous lâcher prise et vivre pleinement, à l'air libre ? Cette forme de confiance en soi est très audacieuse, provocatrice et libératrice.

Méditer sur l'inexistence du soi

La méditation sur l'inexistence du soi (ou du moi) est également appelée « méditation qui mène au-delà du cycle du *samsara* ». En méditation, on s'entraîne à dépasser les passions ordinaires de l'ego. Une pratique méditative envahie par de puissantes émotions est le signe qu'il y a quelque chose qui « cloche », aussi bénéfique que puisse sembler la pratique. Être pleinement conscient de ces écueils protège la méditation. Des pensées anodines telles que « Ça y est, je crois que j'y suis ; là, c'est une bonne méditation ; je me sens bien » témoignent d'un fort sentiment d'ego. Ce ne sont pas les pensées en elles-mêmes qui posent problème : c'est le renforcement de l'ego dont elles sont le signe et qui altère ainsi notre méditation, ne permettant donc pas de remédier à nos tendances habituelles. Ma femme Elizabeth m'a signalé le paradoxe suivant : « Quand on pratique, l'ego ne nous est d'aucune aide, mais quand on parvient à un certain résultat, l'ego s'en attribue immédiatement tout le mérite. » En laissant cette situation s'instaurer, nous permettons à l'ego de nous détruire, d'un bout à l'autre de la voie : au début, l'ego crée des obstacles ; à la fin, il risque d'annihiler nos réalisations spirituelles en s'en arrogeant tout le bénéfice.

Lorsque l'ego s'empare de la pratique, on en vient à se demander : « À quoi sert de méditer pour se libérer de l'ego ? Comment vais-je apprécier ce qui s'offre à moi s'il n'y a plus de sujet qui apprécie ? Et que va-t-il se passer si la méditation désamorce mes passions ? Ça va être terrifiant. » Nous voudrions que notre montgolfière passionnelle reste bien gonflée. La dégonfler nous démoraliserait. Notre cœur est tellement bien dilaté par nos puissantes émotions ordinaires que toute incitation à lâcher prise ressemble à une crevaison. On craint que l'absence d'ego ne débouche sur un état dépressif, un sentiment de laisser-aller ou de totale perte d'intérêt pour tout ce qui nous entoure. S'il n'y a aucune raison de faire quoi que ce soit, autant tout laisser tomber !

Cette façon de penser témoigne d'une profonde incompréhension de la notion d'inexistence du moi. Parvenir à un état exempt d'ego ne signifie absolument pas que l'on s'effondre, que l'on disparaisse ou que l'on perde le sel de la vie. Pas plus que l'on ne se coupe du monde et de toutes ses richesses apparentes. L'absence d'ego signifie simplement que les choses et les êtres, les espoirs et les peurs ne sont plus objets de fixation et que l'on met un terme à notre tendance à toujours vouloir nous emparer du monde.

Seul l'esprit qui n'a pas réfléchi profondément aux souffrances du *samsara* pourrait croire que l'on parvient au bonheur en laissant libre cours aux émotions ordinaires de l'ego. L'esprit libre d'ego est beaucoup plus sage. Il connaît la cause de la souffrance et sait discerner le vrai contentement de la peine. Il est donc animé d'une formidable passion : celle de transcender les limitations du *samsara*. Au-delà des exaltations émotionnelles ordinaires, il y a un état dépassionné, fait de joie et de satisfaction inconditionnelles.

Un cœur totalement libre d'ego vit pleinement l'existence. Aussi, lorsque vous vous surprenez en train de vous accrocher désespérément au monde, regardez ce que vous faites. Cela va-t-il vous aider, ou est-ce encore un autre hameçon qui vous arrime à la souffrance ? Puis demandez-vous : « Qui est en train de s'accrocher ? » D'une certaine façon, nous mordons tous à l'hameçon. Si vous ne voulez pas être pris au piège du syndrome de la saisie, suivez la voie de l'inexistence du moi.

12

Être présent

Nous avons presque tous fait l'expérience d'être assis au bord de la mer ou au sommet d'une montagne, à jouir simplement de la beauté de la nature, détendu, content et présent. Nous avons sans doute fait l'expérience inverse : assis sur un rivage ou sur la crête d'une montagne, nous sommes passés à côté de cette splendeur. Être présent – ou non – est une expérience humaine fondamentale.

Parfois, lorsque je suis coincé dans des embouteillages, je regarde les autres automobilistes autour de moi : nous sommes là, tous piégés dans le même encombrement, mais chacun est plongé dans son monde. Rien qu'en regardant les visages qui m'entourent, je peux voir que leurs univers respectifs sont aussi éloignés que la Terre l'est de Mars. Chaque fois que nous sommes dans notre bulle d'agitation, de distraction et d'égocentrisme, nous sommes coupés de notre vie. Ce hiatus est alimenté par les espoirs, les peurs et les fantasmes qui nous empêchent de faire une expérience directe de la réalité.

Être présent ne veut pas dire que l'on soit dans un état vide et sans pensées. Cela signifie ne pas éprouver le besoin de vouloir être ailleurs que là où nous sommes. Être présent est source de satisfaction. Il est inutile de rechercher une meilleure pensée, un endroit plus agréable ou une émotion plus positive. Lorsque nous sommes sous l'emprise de l'ignorance, c'est-à-dire en état de rêve éveillé, emportés par nos pensées et inconscients de notre vraie nature, notre esprit n'est pas présent, il n'est pas dans un état de pleine conscience. Nous ignorons jusqu'à l'existence d'un tel état d'esprit.

Les pensées ne nous empêchent pas forcément d'être présents. De toute manière, il est impossible de contrôler tout le temps chacun des mouvements de la pensée. Il suffit d'être capable de voir leur insubstantialité, leur « transparence ». La meilleure façon d'illustrer ce propos est d'imaginer que vous êtes endormi et que vous savez que vous êtes en train de rêver. Le flux du rêve ne change pas. Vous demeurez conscient des images et du contenu du rêve. Mais il s'établit une certaine distance avec le rêve : vous savez que vous rêvez tout en étant présent à votre rêve.

La plupart du temps, on ne veut tout simplement pas être présent, parce que alors que ferait-on ? Comment poursuivre ses buts et devenir la personne que l'on veut être ? La confusion s'empare de l'esprit et, au lieu d'être dans la pleine conscience du moment présent, on préfère être quelqu'un de différent dans un autre endroit.

Être différent

Chacun ou presque se souvient avoir souhaité être différent de ce qu'il était. Même si nous avons été intensément présents à nous-mêmes lorsque nous tétions le lait de notre mère, dès la plus tendre enfance déjà, nous voulions être différents : plus grands, plus forts, plus adultes. On aurait tout simplement aimé être un autre enfant : plus robuste, plus attirant, avec de plus beaux vêtements et de meilleurs jouets.

Vouloir posséder ce que l'on n'a pas et vouloir être ce que l'on n'est pas est un trait fondamental de la condition humaine. Nous voulons tous aller de l'avant et posséder tout ce que la vie peut offrir. Surtout dans le monde occidental où l'on estime que la recherche du bonheur et du succès est un droit acquis à la naissance. Mais, du simple fait qu'une pensée de désir et une pensée de satisfaction ne peuvent cohabiter simultanément dans le flux de conscience, l'avidité nous empêche d'apprécier pleinement ce que nous sommes, où nous sommes et ce que nous avons.

Lorsque l'ambition alimente l'avidité, nous avons parfois l'impression de mériter certaines choses que notre karma ne nous permet pas d'acquérir. Estimer que l'on a droit à tout ce que l'on désire témoigne d'un manque de respect pour la loi de causalité karmique. C'est la preuve que l'impact des actes de nos vies passées et la véritable signification du mérite nous demeurent incompréhensibles.

Prendre le monde pour une orange

Nos parents et notre environnement social nous ont sans doute convaincus de notre différence : « Comme tu es intelligent, vif, beau. » Étant le produit de la semence et de l'œuf de nos parents, nous sommes persuadés de représenter le dessus du panier et de mériter ce qu'il y a de meilleur. Nous sommes pris au piège de cette idée dès notre plus jeune âge. À l'école, toute comparaison avec d'autres élèves se fait sur le mode de la compétition. On ne nous apprend pas à réfléchir sur soi avec lucidité et sans poser de jugements de valeur. On ne nous enseigne pas à évaluer notre caractère à la lumière des qualités d'autrui, sans esprit de rivalité. Au fil du temps, l'ego se développe davantage, ce qui va de pair avec le sentiment d'être très doué et particulièrement extraordinaire.

Si seulement le monde savait qui nous sommes, il serait à nos pieds.

Toutefois, à un niveau subconscient, notre insatisfaction est constante. Provoquée par une soif insatiable et alimentée par l'ambition, elle pervertit notre vision du monde. Seul compte ce que nous pouvons obtenir et non ce que nous pouvons donner. Nous considérons le monde comme une orange que nous chercherions à presser par tous les moyens pour en retirer toujours plus de jus. Une telle attitude témoigne d'une absence de dignité et de responsabilité à l'égard de la société. Elle ne fait preuve d'aucune aspiration à apporter une quelconque contribution à la communauté des hommes dont nous faisons partie. Si nous laissons libre cours à ces tendances négatives de cupidité et d'ambition égoïstes, nous ne serons jamais heureux ni contents d'être ce que nous sommes.

Le Bouddha n'a jamais dit que ces tendances habituelles étaient pernicieuses en elles-mêmes. Elles sont négatives par rapport à notre expérience. Comme nous l'avons vu plus haut, elles sont source de difficultés et de souffrances. Depuis l'enfance, nous sommes tyrannisés par un état d'esprit que rien n'a réussi à changer. Nous recherchons toujours la sécurité et la protection à l'extérieur de nous-mêmes. Nous sommes constamment préoccupés par ce que nous faisons, par ce que nous n'avons pas, par les personnes que nous voudrions faire rentrer à l'intérieur de notre cercle d'intimes ou au contraire exclure. Tels sont les ressorts de la cupidité, de l'attachement et du déni de l'éphémère et de la souffrance.

Certes, nous sommes sur la voie spirituelle. Mais rien ne changera en nous si nous ne remettons pas en question notre tendance à adorer et protéger notre ego. Extérieurement nous pouvons passer pour des personnes enclines à la spiritualité, déterminées à suivre sérieusement un chemin spirituel. Mais si nous faisons tout ce qui est en notre pouvoir pour que notre chemin reste sûr et bien protégé, aucun changement ne se produira. Le Bouddha nous a enjoints d'analyser nos tendances habituelles.

Le défi de l'observation de l'esprit

À quoi ressemblerait une voie spirituelle qui n'inclurait pas la pratique de l'observation de l'esprit et où nous mènerait-elle ? Nous pourrions devenir des pacifistes, essayer de changer le monde, nous intégrer à une communauté ou à un groupe social particulier, mais nous demeurerions dans la confusion, c'est-à-dire que nous ne comprendrions pas les individus que nous sommes ni la raison pour laquelle nous sommes en quête d'un chemin spirituel. Il existerait toujours une dichotomie entre cet engagement et la façon dont nous vivons notre vie, et tout resterait comme par le passé. En ce cas, nous ressemblerions fort à un train dont les roues se trouvent sur deux voies divergentes et qui essaie d'aller dans deux directions opposées en même temps.

D'une certaine façon, tout engagement, qu'il soit spirituel ou mondain, est une quête du bonheur et de la libération de la souffrance. Mais avec le soutien d'un maître authentique, du Dharma et de la pratique de l'observation de l'esprit, il est possible de commencer d'ores et déjà à accomplir ces buts. En dépassant, par exemple, les tendances habituelles qui perpétuent la souffrance et la douleur. Mais voulons-nous réellement changer notre mode de fonctionnement ? Voulons-nous vraiment rester vigilants pendant suffisamment de temps pour être capables de repérer nos habitudes ? Tel est le défi de l'observation de l'esprit.

L'éventualité du changement met à nu la relation amoureuse que nous entretenons avec nous-mêmes. Celle-ci a beau avoir été douloureuse, brusquement nous doutons de notre désir de transformation. Nous nourrissons, pour la plupart d'entre nous, une profonde affection à notre égard. Nous avons en quelque sorte l'habitude d'être ce que nous sommes et nous pourrions continuer à fonctionner ainsi. L'idée de changer nous donne l'impression de nous trahir. Aussi résistons-nous et nous raccrochons-nous à nos schémas habituels en faisant preuve d'un entêtement totalement illogique.

Résister au changement

Nous adorons les stratégies, les objectifs et les détours pleins de ruses que nous adoptons pour nous forger une image personnnelle du monde : comme si ce monde était une orange bien mûre qui ne demandait qu'à être pressée. Nous aimons le dynamisme et la rapidité avec lesquels nous faisons les choses, même si nous ne prenons pas grand plaisir à les faire. Nous nous délectons de nos émotions négatives – colère, jalousie, attachement – et de la complexité des registres de notre douleur. Si nous renonçons à tout cela, serons-nous encore des êtres humains ou juste des morceaux de bois mort ? Les bouddhas et les bodhisattvas sont-ils des bûches exemptes de toute émotion ? Nous résistons au changement parce que nous avons peur de perdre notre étincelle émotionnelle.

On veut être la personne que l'on a décidé d'être, c'est-à-dire celle que nous avons toujours été. Nous sommes réticents à regarder en nous et à constater l'étendue de notre douleur ; même après avoir pris Refuge dans les Trois Joyaux, même après avoir eu tant d'occasions d'écouter, de contempler et de pratiquer les enseignements. Nous renâclons encore au changement, y compris dans les sessions de pratique ou en retraite, malgré tous les avantages que procure un tel lieu, support propice à la méditation.

Si nous nous entêtons, le Dharma risque fort de devenir pour nous une identité sociale et notre pratique une activité sociale ; alors, le travail intérieur qui doit s'effectuer sur la voie ne s'accomplira pas. Rien ne changera dans la mesure où l'on restera un être humain plongé dans l'ignorance, chérissant et protégeant son moi auquel se rattachent toutes les impulsions familières, l'insatisfaction et les désirs insatiables qui gâchent la vie. L'ampleur de la confusion et des névroses qui fermentent en nous restera intacte. Si l'on y réfléchit en toute honnêteté, on pourrait qualifier d'irrationnelle et de butée la résistance au changement.

Les bouddhas et les bodhisattvas éprouvent une profonde tristesse devant l'entêtement des êtres humains. Si jamais ils ressentent une douleur, c'est bien celle-ci. Et ils ne peuvent rien faire d'autre tant que l'homme ne se décidera pas, au tréfonds de lui-même, à changer d'optique. C'est pourquoi il est parfois plus facile de « se réveiller » sous le coup d'une grande douleur que dans la pénible routine de notre obstination habituelle.

Être présent, savoir apprécier

Quand nous sommes dans un état d'esprit présent et lucide, nos tendances habituelles se dissolvent après s'être manifestées. Il peut nous arriver d'être pris au piège de nos penchants familiers qui nous emportent malgré nous. Mais dès que nous en prenons conscience, notre vigilance nous ramène à la clarté et à la lucidité. L'état de pleine conscience s'accompagne d'un tel sentiment de plénitude et d'accomplissement intérieur que nous en venons à nous demander pourquoi nous l'avons toujours recherché à l'extérieur de nous. C'est alors que nous commençons vraiment à apprécier notre vie et le monde dans lequel nous vivons.

S'émerveiller des situations qui s'offrent à nous et les goûter n'est possible que si l'on est présent au monde. Ce monde est si beau ! Aucun artiste ne peut recréer la beauté du monde naturel avec le Soleil, la Lune, les fleuves, les forêts, les prairies, les animaux et les quatre saisons. Tout cela s'offre à nous pour notre plus grande joie. Celui qui est vraiment présent peut pleinement apprécier la chaleur des rayons du soleil sur son corps ou la chute d'un flocon de neige. Künkhyen Longchenpa[1], le grand érudit et maître de lignée du XIVe siècle, décrivait ainsi la sensation de la brise : c'était comme si tous les poils de notre peau ondoyaient avec le vent. Lorsque vous êtes capable de les sentir tous les duvets de votre peau se mouvoir dans le vent, tout autre monde est superflu !

Il est également important d'apprécier son corps à sa juste valeur – qu'il soit gros ou mince, beau ou non. Le corps est le réceptacle de notre conscience en ce monde. Il est dit qu'après la mort la conscience dans le bardo[2] est sept fois plus rapide que l'esprit d'un schizophrène, parce qu'il est affranchi du support d'un corps physique. Bien entendu, certains d'entre nous ont l'esprit rapide, mais jamais à ce point. Donc, quel que soit le corps qui vous a été donné, appréciez-le à sa juste valeur.

---

1. Künkhyen Longchenpa (1308-1364) fut le plus célèbre et le plus important érudit et maître de méditation de l'école Nyingmapa du bouddhisme tibétain. Il compila et exposa l'immense corpus de la Grande Perfection (Dzogchen) dont il écrivit des commentaires ; il préserva ainsi ses précieux enseignements, qui ont été largement diffusés.

2. En tibétain *bar.do*. Ce terme désigne l'état intermédiaire entre la mort et la renaissance. D'une façon plus subtile, le bardo désigne tout moment de transition entre un instant et le suivant.

Le fonctionnement de nos organes sensoriels nous permet de voir, d'entendre, de sentir, de goûter et d'éprouver physiquement le monde. Prenez par exemple les légumes. Vous ne pourriez pas les transformer en aliments si vous n'aviez pas de corps. Grâce au corps, vous les coupez en morceaux, les assaisonnez, les cuisez et en faites des mets délicieux que l'organisme digère et dont il se nourrit. Un être dénué de corps, un être qui se trouve dans le bardo, n'a aucun lien avec les légumes : il lui est impossible de les manger, de les digérer ou de s'en sustenter. Il ne peut que les regarder comme on contemple une peinture. Ainsi, tant que votre corps dure, vous pouvez apprécier le monde. Quel qu'il soit, sachez en profiter ! Vouloir qu'il soit différent crée des problèmes d'image corporelle. Votre corps est magnifique tel qu'il est !

Être conscient de son esprit permet de découvrir l'immense cadeau que nous a fait la nature. La capacité de percevoir le monde est un présent de l'esprit. Vous êtes-vous déjà imaginé sans conscience visuelle[1], incapable de voir ? Ou dépourvu de conscience auditive, olfactive ou gustative ? Et sans la conscience mentale, ou esprit conscient, cette faculté de connaître l'objet de la perception, vous ne seriez pas capable de comprendre, de vous rappeler et de réfléchir à certains points, triviaux ou sublimes. Si vous êtes réellement présent, vous êtes alors pleinement capable d'apprécier votre esprit et ses multiples fonctions.

Le plus grand potentiel de l'esprit humain est sa faculté d'Éveil, sa capacité de se libérer de l'ignorance et de faire le bien d'autrui. Personne n'avait l'obligation de vous donner cette faculté : elle vous a été conférée en même temps que

---

1. Selon certaines écoles de la philosophie bouddhiste, on distingue six consciences, à savoir les cinq consciences sensorielles et la conscience mentale. (*N.d.T.*)

votre précieuse existence humaine et dépend de la volonté d'être pleinement conscient. Vous n'avez pas besoin de beaucoup plus, tant extérieurement qu'intérieurement. À l'extérieur, seuls la nourriture, les vêtements et un abri sont indispensables pour se maintenir en vie. Tout pratiquant qui prend Refuge dans les Trois Joyaux aura toujours ces trois éléments à sa disposition. Quand bien même vous cacheriez-vous dans une grotte comme Milarepa, ces trois conditions de base ne vous feront jamais défaut. Il est donc inutile de vous en inquiéter ; d'ailleurs, rien d'autre n'est vraiment nécessaire.

Être pleinement conscient de ce que représente le Dharma confère à la vie un but extrêmement vaste. Afin d'atteindre cet objectif, trois formes de patience doivent être développées : les patiences nécessaires à la pratique, à l'étude et à la concentration. Il ne faut surtout pas être obtus et incapable de changement. Si vous savez faire preuve de constance, les enseignements et la pratique s'ouvriront à vous naturellement. La patience vous permet d'être présent et pleinement conscient de cette ouverture. C'est alors que le monde se déploie dans toute sa magnificence et pour votre plus grande joie.

Pour éprouver cet émerveillement, il est inutile d'aller voir ailleurs. Le processus de l'Éveil transforme le rapport au monde, qui devient de plus en plus magique et d'une beauté insoupçonnée au fil des jours, des mois et des années. Quelque chose vu il y a cinq ans sera perçu de façon tout à fait différente au terme de cinq années d'entraînement à l'Éveil. À ce stade, la vie et tout ce qui s'y rattache deviennent une extraordinaire source de contentement. Ce sentiment de joie et de satisfaction est indescriptible. Chacun doit essayer de comprendre et de découvrir ce bonheur dans sa propre vie.

Lorsque se révèle le mode d'être réel des phénomènes, il n'y a plus de confusion, plus de *samsara*, plus d'êtres sensibles souffrant dans ce monde conditionné. Tout ce qui nous entoure a le potentiel de transformer cette vie. Nous avons donc d'excellentes raisons de cultiver la vigilance de l'esprit, la présence de l'esprit dans l'instant, et de ne pas nous laisser piéger par les désirs obsessionnels et l'insatisfaction.

13

DÉPASSER L'AMOUR-PROPRE

Il n'est pas facile de voir à quel point nous sommes prisonniers d'une personne ou d'une situation, sans parler de l'ego ! Cette simple idée déclenche une réaction de panique et de résistance. Mais pour le moment, le sentiment de notre propre importance, dont nous sommes dans une large mesure inconscients, nous retient captifs dans le *samsara*. Pour nous libérer de la souffrance, il nous faut devenir véritablement conscients de l'importance dont nous nous créditons, importance qui façonne notre rapport au monde, à la voie spirituelle et à notre propre esprit.

Quand bien même nous ferions preuve d'une grande diligence dans la pratique, quand bien même nous aurions des expériences spirituelles aussi diverses et variées que les fleurs sauvages au printemps, l'ego s'attribuera tous ces accomplissements tant que notre pratique sera motivée par le désir d'être quelqu'un d'exceptionnel. Nous nous prenons pour de grands pratiquants, nous estimons que nous faisons des progrès, mais en réalité l'amour-propre ne fait que se solidifier.

L'esprit se durcit et nous nous éloignons du maître spirituel et du Dharma. Faute d'obtenir la reconnaissance à laquelle nous estimons avoir droit, nous risquons fort de perdre la dévotion et la confiance dans le maître. Le chemin spirituel devient source de déception. Rien ne semble aller comme on voudrait : et surtout pas la voie de la libération de la surestimation de soi-même.

Si nous refusons de nous remettre en question, nous en viendrons à penser que nous n'avons plus besoin de personne, que nous pouvons nous passer des maîtres de la lignée, des Trois Joyaux, du maître spirituel lui-même et des compagnons sur la voie. Notre manque de confiance nous empêche de relâcher le contrôle constant que nous tentons d'exercer sur les êtres et le monde, et nous essayons de régler nos problèmes par nous-mêmes. Une telle attitude interdit à quiconque de se rapprocher de nous et de nous voir tels que nous sommes ; de toute façon, nous ne voulons surtout pas nous entendre dire que nous avons des défauts, même et surtout si c'est la vérité. De telles insinuations risqueraient trop d'ébranler le fondement de notre identité et de secouer notre petit monde. Il se pourrait même que nous ayons tout à réapprendre de A à Z ! Ce sentiment d'incertitude nous incite à rejeter le Dharma en bloc.

Même si le monde nous honorait de toutes ses richesses, si les gens nous offraient leur cœur et leur vie, cela ne suffirait pas à apaiser notre douleur intérieure. Pourquoi en est-il ainsi ? Parce que notre suffisance intérieure n'a aucun intérêt à démonter les rouages du fonctionnement de l'ego. Elle n'a aucun intérêt à se regarder dans le miroir et à découvrir son véritable visage.

Même si l'amour-propre ne se manifeste pas par l'arrogance ou l'orgueil, mais prend l'apparence de l'humilité et du désintéressement, il répugne à se regarder en face. De sorte que nous continuons à fonctionner selon nos schémas habituels qui sont la cause d'immenses souffrances. Il se peut qu'à l'image des animaux et des nouveau-nés nous éprouvions un certain désir de renoncement face à la souffrance. Toutefois, il nous faut développer notre renoncement aux causes de la souffrance, qui résident précisément dans l'importance accordée à l'ego.

L'attitude de l'observation de l'esprit

Un profond et authentique examen du fonctionnement de l'esprit permet de comprendre que réduire l'amour-propre signifie accorder davantage d'espace à la vérité. Dès que l'on a assimilé cela, on prend conscience de l'importance des maîtres de la lignée et on développe une puissante aspiration à suivre leur exemple. Ils ont réussi à trancher les attachements engendrés par les tendances habituelles de l'esprit en portant un regard lucide sur leurs défauts, leur hypocrisie et la ruse dont ils faisaient preuve à l'égard d'eux-mêmes, ainsi que sur leurs attaches mondaines. Enfin, en abandonnant leur attachement au moi, ils se sont séparés de la cause de la souffrance et ont atteint la simplicité de l'état de bouddha, présent depuis toujours.

Leur exemple témoigne des bénéfices, de la joie et du véritable esprit de la réflexion sur soi. Cet esprit est en fait une authentique passion de mettre à nu ses défauts et ses recoins les plus obscurs, enthousiasme qui nous montre que regarder au fond de soi mène à la libération. Par conséquent, si l'on vous taxe d'arrogance, si l'on vous traite de misérable, de voyou, d'intrigant, d'avare ou de minable, sachez apprécier ces remarques à leur juste valeur. Nous ne sommes pas toujours notre meilleur juge, mais la voix de la vérité qui est en nous sait reconnaître nos défauts quand ils sont dévoilés. Nous devrions ressentir de la gratitude envers celui ou celle qui, en faisant preuve de tant de perspicacité à notre égard, accomplit à notre place le travail que nous devrions faire sur nous-mêmes.

Lorsqu'une personne vous aide à faire la lumière sur vous-même, essayez d'en apprécier l'aspect positif. Il est inutile de vous cuirasser et d'appeler votre amour-propre à la rescousse. Entretenir une telle insécurité revient à héberger un terroriste dans votre esprit : peu importent la beauté et le soutien que représente votre petit monde, l'ego ne cesse de vous terroriser. Et il en sera ainsi jusqu'à ce que vous alliez vraiment à la racine du problème qui est l'amour-propre. Aussi, n'ayez pas peur de vous regarder dans le miroir et de vous voir en toute lucidité. Votre arrogance et votre sentiment d'être unique font partie des souffrances et des douleurs ordinaires.

Voir le monde comme notre maître

Toute réaction qui agresse l'ego est une bénédiction cachée. Si nous acceptions de voir le monde comme étant la manifestation de notre maître, nous serions en mesure d'apprécier la sincérité. Nous ne craindrions pas d'être désavoués, incriminés, critiqués, blessés ou offensés. Les gens « convenables » ne s'exposent pas à de tels reproches, mais, dans notre cas, nous devons les apprécier à leur juste valeur : non pas parce que nous sommes masochistes, mais parce qu'il y a, ancrée en nous, cette vision profonde et vaste.

Bien sûr, la plupart d'entre nous préfèrent se fier à la sincérité des amis et de ceux en qui nous avons confiance. Mais les grands pratiquants tels que Patrul Rinpoché, Shantideva et les éminents Mahasiddha[1] du passé ne se souciaient pas de l'identité de ceux qui les critiquaient. Leur seul objectif était de

1. Les *Mahasiddha* sont des êtres accomplis, des Éveillés, particulièrement ceux qui adoptent des attitudes et des méthodes non conventionnelles afin de provoquer la prise de conscience de leurs étudiants et de les « choquer », au sens propre du terme, dans le but de trancher l'état d'illusion et d'ignorance dans lequel ils se trouvent. Patrul Rinpoché fut un grand maître tibétain du XIXe siècle, connu pour son mode de vie itinérant d'une extrême simplicité, pour l'humilité de son comportement et la profondeur de ses enseignements.

transcender leurs propres défauts et leur amour-propre. La capacité d'accepter les critiques des autres, qu'ils soient ou non des amis personnels en qui l'on a confiance, dépend de notre force et de notre détermination de pratiquants. Plus nous accepterons ces observations sans tenir compte de la personne qui les profère, plus nous approfondirons notre pratique. Le monde phénoménal est notre maître, quelle que soit la façon dont il se présente à nous. Et le maître nous aidera à nous remettre en question, même si cela doit nous blesser.

Si nous intégrons vraiment cette réalité, nous accepterons d'ouvrir la boîte de Pandore et d'examiner attentivement nos maux. Nous aurons la ferme détermination de nous libérer de tous les attachements à l'ego et non pas seulement de certains d'entre eux. Quelle que soit l'intensité de la douleur, de la panique et du défi, il nous faut reconnaître ces trois sensations. Quelle que soit la secousse que cela provoque dans notre petit monde, nous devons l'apprécier à sa juste valeur et approfondir cette appréciation jusqu'à ce qu'elle devienne indestructible. Nous comprendrons alors que l'amour-propre est seul à menacer notre bien-être intérieur. C'est à cela qu'il nous faut renoncer.

Parmi ses nombreux écrits mis en pratique de nos jours, citons : *Le Chemin de la Grande Perfection* (*kun.bzang bla.ma'i zhal.lung*), l'un des ouvrages les plus lus parmi les pratiquants tibétains et occidentaux. Shantideva était un grand maître indien du VIIIe siècle, célèbre pour la spontanéité d'inspiration avec laquelle il composa *La Marche vers l'Éveil* (*Bodhicaryâvatâra*), l'un des textes les plus importants et les plus étudiés de la tradition du Mahayana.

Renoncer à l'amour-propre

Le goût amer de la souffrance et de la peine fait naître le renoncement dans l'esprit. Toutefois, alors même que nous faisons l'expérience de la douleur, nous préférons encore nous raccrocher à notre petit univers plutôt que d'affronter l'inconnu parce que nous n'avons confiance qu'en l'ego. Nous refusons parfois d'admettre que nous préférons rester captifs du *samsara*. Nous en venons à penser que nous nous sentirions plus « en sécurité » si nous nous mettions au service de notre ego, quand bien même cela impliquerait un comportement stupide et inconsidéré.

C'est le suprême lavage de cerveau. Nombreux sont ceux qui craignent que la religion ne soit un lavage de cerveau. Mais le bouddhisme libère de telles craintes, puisque l'on sait que l'on est déjà « lessivé » par l'ego. Dans la mesure où l'ego ne fait pas autre chose que déclencher des souffrances et des peines, l'action du bouddhisme consiste à « déconditionner » l'esprit. Il s'agit de se réveiller de l'état d'assujettissement hypnotique à l'ego dans lequel on est plongé. Grâce à la méditation et à l'observation de l'esprit, la conscience qui s'éveille est le témoin de l'endoctrinement de l'ego. On commence alors à comprendre la signification de la quête du Bouddha, le sens des enseignements et de la Sangha, des maîtres de la lignée et de leurs bénédictions.

Tout le problème réside dans le fait qu'en renonçant au sentiment d'être unique, on renonce du même coup à toutes les stratégies que l'ego utilise pour avoir prise sur nous ; si l'on n'abandonne pas l'idée d'être un individu exceptionnel, toutes les décisions que l'on prendra dans sa vie seront prises par l'ego. Il sera notre guide sur la voie qui, dans ce cas, ne nous mènera nulle part.

L'humilité est une qualité essentielle de cette démarche. Nous sommes tous des êtres ordinaires qui faisons face à des problèmes tout aussi communs. Se considérer toujours comme un débutant est d'une grande aide ; il faut se voir comme un enfant qui rampe encore sur le sol, qui tète le lait de sa mère ou qui vient tout juste de sortir de ses entrailles. Nous sommes donc incroyablement vulnérables, mais nous avons un potentiel extraordinaire qui nous permet d'aller au-delà de l'ignorance et de toute souffrance. Si vous savez rester humble, vous ne serez jamais gonflé de votre propre importance. Vous garderez toujours l'ouverture d'esprit qui consiste à regarder en soi et autour de soi, qui permet de renoncer à l'amour-propre et garantit le bonheur intérieur.

14

Reconnaître l'ami essentiel

Pour dépasser le sentiment de sa propre importance, il faut comprendre la logique de l'ego. Celle-ci est toujours fondée sur l'amour que nous nous portons à nous-mêmes. L'ego nous persuade que nous trouverons le bonheur en voulant toujours faire passer nos intérêts avant ceux des autres. Toutefois, malgré tous nos efforts, nous n'avons jamais réussi à mener une vie pleinement satisfaisante en pourvoyant à tous les besoins de l'ego. Il ne nous rendra jamais assez heureux, assez riches, assez beaux et ne nous rassurera jamais assez. Bien que l'ego nous fasse croire le contraire, se préoccuper uniquement de soi-même n'apporte pas le bonheur. En vérité, sur la voie de la liberté et de la félicité, l'amour-propre est notre plus grand ennemi.

Cet adversaire si préoccupé de lui-même et si méthodique a cependant une grande faiblesse. Il est vulnérable aux puissantes forces de la bonté, de l'altruisme et de la compassion : étendre aux autres l'affection que l'on a pour soi-même libère de l'importance que l'on s'accorde à tort et apporte un authentique bonheur. Se consacrer à autrui inverse la logique de l'ego. Voyez par vous-même à quel point cela libère l'esprit.

Malgré notre habitude de toujours faire passer nos propres intérêts avant ceux d'autrui, et notre forte tendance à la mesquinerie, nous vivons néanmoins en ce monde et sommes profondément liés les uns aux autres. Lorsque nous donnons, nous embellissons le monde. Quand nous allons vers l'autre pour lui apporter notre aide, nous améliorons sa situation. Les autres apprécient notre soutien et nous constatons que notre propre vie s'améliore, elle aussi. Développer un esprit altruiste qui se soucie activement d'autrui est d'une grande efficacité pour surmonter l'amour-propre. D'ordinaire, nous estimons qu'il vaut mieux gagner que perdre. Mais si nous sommes contents de perdre pour le bien d'autrui, si le bonheur des autres devient le nôtre, nous serons toujours heureux.

Ainsi, grâce aux autres, nous nous libérons de l'importance que nous nous accordons. C'est en ce sens, disent les textes, qu'ils sont nos meilleurs amis.

Faute de savoir discerner entre amis et ennemis, comment pouvons-nous décider lucidement de la voie à suivre ? Comment entretenir des rapports positifs avec autrui ? Apprendre à faire cette distinction crée une véritable révolution dans l'esprit du pratiquant. Un pratiquant accompli est celui qui a opéré une transformation totale. Cette « révolution » transforme les états d'esprit négatifs en schémas de pensée clairs et positifs. Une telle métamorphose est fondée sur l'expérience directe et non pas sur l'illusion. Il ne s'agit pas d'un changement intellectuel ni d'une fluctuation d'humeur. Le cœur est profondément transformé. L'authentique pratiquant est celui qui a atteint l'Éveil du cœur et de l'esprit.

15

DILATER SON CŒUR À L'INFINI

Il y a certes des joies et un certain bonheur dans le *samsara*, mais ils sont éphémères. Le bonheur disparaît en un clin d'œil, et au plaisir succèdent la peine et la souffrance. Dans notre monde contemporain, on voudrait se sentir toujours bien et toujours de bonne humeur. On s'étonne d'être perturbé. En fait, le monde est tout simplement précaire, et l'on n'y peut rien.

L'universalité de la souffrance

On n'échappe pas à la naissance, à la vieillesse, à la maladie et à la mort. Il n'y a rien de mal à se sentir inquiet : c'est juste le signe que l'on n'accepte pas son karma. Comment ce monde si aléatoire pourrait-il nous apporter un bonheur durable ? Et comment éprouver de la compassion si nous n'acceptons pas le *samsara* et la souffrance qu'il crée pour tous les êtres sensibles qui y évoluent ?

La souffrance est une expérience universelle. Tous les êtres sensibles sont sujets à l'ignorance, au karma et à la douleur. Au lieu de nous détourner de cette réalité ou de la considérer comme inutile, déchirante ou destructrice, nous pouvons utiliser la souffrance pour développer la compassion.

Si l'on ne ressent que sa propre douleur tout en se montrant insensible à celle des autres, on reste égocentrique. Si l'on ne considère que leur douleur sans prendre conscience de la nôtre, notre compassion demeure abstraite. Et si l'on prend en compte à la fois sa propre souffrance et celle d'autrui sans comprendre que la souffrance est la nature du *samsara*, on en conclut tout simplement que la vie est souffrance et que le mieux que l'on puisse faire est de s'aider mutuellement à traverser ces épreuves. Mais cette approche n'offre pas de solution. À l'inverse, si l'on comprend que la nature du *samsara* est souffrance, on peut en rechercher la cause.

L'ignorance est impersonnelle

L'ignorance est la cause première de la souffrance. Elle est la base de toutes les actions et de toutes les expériences du *samsara*. Elle est en quelque sorte impersonnelle dans la mesure où elle est universelle. Nous sommes tous égaux dans le sens où nous sommes soumis au karma et à la souffrance qui proviennent de l'ignorance. À cet égard, nous sommes tous véritablement innocents. Il est inutile de rejeter la responsabilité de notre souffrance sur les autres ou sur nous-mêmes. Le véritable coupable est l'ignorance.

Néanmoins l'ignorance crée le karma, qui lui-même mûrit dans tous les êtres sensibles, lesquels, de ce fait, souffrent. Cette vérité poignante fait naître la compassion à leur égard et pour nous-mêmes.

La compassion change notre attitude mentale et nos émotions. Dès que nous l'éprouvons, nous cessons de nous apitoyer sur nous-mêmes et abandonnons tout égocentrisme. Nous cessons de nous complaire dans le déni de la souffrance et nous ne nous acharnons plus à rechercher à tout prix le mieux-être, comportement qui est en lui-même une douleur. Au lieu de cela, nous utilisons la souffrance en lui donnant un sens qui va contribuer à nous mener à l'Éveil. Elle devient alors pour nous un moyen de développer une compassion du cœur illimitée et un puissant sentiment d'union avec tous les êtres sensibles. Cette attitude réduit également notre impression d'être un individu unique. À l'image des bouddhas et des bodhisattvas du passé, lorsque nous nous éveillons de l'ignorance et de l'illusion, nous pouvons mener une vie pleinement axée sur la compassion et consacrée au bien d'autrui.

Le cœur illimité

Passer d'un cœur où il y a juste assez de place pour accommoder une personne – ou quelques proches circonstances les plus critiques – à un cœur où l'espace est suffisamment vaste pour accueillir tous les êtres sensibles exige une extrême dilatation de cet organe. Ce qui n'est pas exempt d'une certaine douleur. Mais le cœur est souple. Si on le met au défi de se dilater, il peut s'étendre à l'infini sans éclater. De même, notre intelligence, si limitée quand on ne pense qu'à soi, a le potentiel de sagesse d'aspirer à l'Éveil de tous les êtres sensibles.

Avoir ce potentiel d'Éveil ne signifie pas que nous allons exploser, mais que nous avons le pouvoir de nous développer. Nous devrions éprouver de la gratitude envers tout ce qui incite notre cœur à se dilater d'amour et à dépasser notre étroitesse d'esprit. Car à quoi sert une vie uniquement consacrée à se protéger ?

Au moment de la naissance, le placenta qui nous enveloppait et nous permettait de survivre dans le ventre maternel se déchire afin que nous puissions respirer. Recréer un ventre d'amour-propre revient à ne jamais être né. Quand seuls notre propre confort et notre propre sécurité nous intéressent, nous manquons totalement de courage. Nous pouvons repousser nos limites en remplaçant l'obsession de soi-même par l'obsession des autres. Selon la conception bouddhiste de la renaissance, tous les êtres sensibles ont été nos mères, à un moment ou à un autre. Réfléchir à leur immense bonté et à la protection qu'elles nous ont données fait jaillir un puissant amour à leur égard. Lorsque des sentiments durs et mesquins nous habitent, nous pouvons infléchir notre cœur en nous rappelant la bonté de nos mères d'antan.

La magnifique et profonde pratique de la *bodhicitta*[1] est l'ultime défi du pratiquant. Les enseignements de la *bodhicitta* (l'éveil de l'esprit et du cœur) nous encouragent à comprendre que tous les êtres ont le même désir de connaître le bonheur et de se libérer de la souffrance. Elle nous incite à délivrer de la souffrance toutes nos mères de jadis et à les introduire à l'authentique bonheur.

La bonté de nos mères

Nouveau-nés, nous sommes vulnérables et impuissants. Nous ne pouvons même pas essuyer nos larmes. Mais la bonté et la protection de notre mère nous permettent de

---

1. Terme qui signifie littéralement « cœur éveillé ». Au niveau relatif, la *bodhicitta* a deux aspects : la *bodhicitta* d'aspiration, qui est le désir d'atteindre l'Éveil pour le bien de tous les êtres ; et la *bodhicitta* en action, qui comporte la pratique des six Paramitas ou six Sagesses transcendantes (générosité, discipline, patience, courage ou persévérance, concentration et connaissance transcendante). La *bodhicitta* absolue est la reconnaissance de la nature de vacuité de tous les phénomènes. (*N.d.A.*)

grandir jusqu'à l'âge adulte et de développer certains aspects de notre potentiel. Grâce à cette mère débordante d'amour, nous pouvons sentir la chaleur du soleil sur notre peau ou la fraîcheur d'une brise. Le corps humain que nous ont donné nos parents nous offre la possibilité de pratiquer le Dharma et de nous engager dans une conduite altruiste.

Prendre la pleine mesure de l'amour illimité et des soins constants dont les mères entourent leurs enfants confère un sentiment de tristesse, comme un poids dans la poitrine, allié à une profonde gratitude. Cette prise de conscience remplit notre cœur de chaleur et de joie. Cultiver le profond désir d'étendre cette chaleur et cette joie à toutes nos mères qui souffrent dans le *samsara* permet de leur témoigner en retour notre profonde gratitude.

Aucun être ne peut supporter la souffrance : même les animaux luttent pour s'en libérer. Malheureusement, ignorant les causes et les conditions qui mènent au bonheur, ils continuent à souffrir sans répit. Les êtres humains sont semblables à des aveugles plantés au milieu d'un carrefour engorgé de voitures : si vulnérables et si désemparés ! Incapables d'aller là où ils veulent, ils ne peuvent que se tenir debout, effrayés à l'idée de faire un pas. C'est la condition tragique de toutes nos mères qui vivent dans le *samsara*.

Dans une grande ville, d'innombrables personnes entrent et sortent en courant du métro ou se pressent dans les rues. Mais que font-elles ? D'une façon ou d'une autre, elles courent toutes après le bonheur. Lorsque l'on survole Los Angeles, Calcutta ou Pékin, il est facile d'imaginer tous ces gens qui vivent dans ces minuscules maisons au-dessous de nous : une famille, un couple sans enfants, un célibataire, une femme âgée, un étudiant. Chacun d'eux recherche le bonheur.

La pratique de la *bodhicitta* consiste à souhaiter ardemment et sincèrement que leurs désirs soient parfaitement exaucés et que leur joie croisse jusqu'à ce qu'ils atteignent l'Éveil.

Supporter l'insupportable

Dans les sociétés occidentale et tibétaine, le bon cœur est associé à la générosité, la bonté, la chaleur humaine et la compassion. Dans la culture tibétaine, c'est aussi avoir le courage et la capacité d'accepter les vérités les plus douloureuses sans se sentir découragé.

Quand on traversait des temps difficiles, ma mère avait l'habitude de dire : « Il te faut un cœur suffisamment grand pour qu'une course de chevaux puisse s'y dérouler ! » Affronter des difficultés avec compassion ne signifie pas forcément que l'on puisse y remédier. De par la nature même du *samsara*, il est impossible de résoudre d'emblée tous les problèmes qui lui sont inhérents. On ne peut qu'y faire face et le transcender, ce qui signifie voir au-delà de ce monde qui souffre.

Pour illustrer la compassion, le bouddhisme a recours à l'image traditionnelle d'une femme manchote qui voit son enfant emporté par le courant déchaîné d'un fleuve. Imaginez le supplice insoutenable que représente le fait d'être incapable de sauver son propre enfant et d'être rivé à cette scène insupportable. La pratique de la *bodhicitta* consiste à développer une compassion inconditionnelle envers tous les êtres sensibles, même si l'on est impuissant à les aider autant qu'on le souhaiterait tant que l'on ne s'est pas soi-même libéré du *samsara*.

La volonté de ne pas fuir l'anxiété que l'on ressent quand on réfléchit aux souffrances du *samsara* est la voie des bodhisattvas. Seule la compréhension de la véritable nature de la souffrance, à savoir sa vacuité d'existence propre, permet de suivre cette voie. Ne pas esquiver la réalité de la souffrance ne signifie pas pour autant s'endurcir. Cela implique qu'après avoir compris la véritable nature de la souffrance, on a le courage de l'affronter dans la joie.

16

Avoir le sens de l'humour

Dans la vie, on peut tous faire preuve d'humour. Avoir le sens de l'humour ne signifie pas rire à tort et à travers ni être joyeux à longueur de temps. Cela veut dire comprendre la nature illusoire des phénomènes et voir qu'au cours de cette vie, tout aussi illusoire, on se heurte toujours aux situations que l'on essaie précisément d'éviter.

L'humour nous permet de nous rendre compte qu'en définitive les choses n'ont pas un sens aussi lourd que celui qu'on leur accorde. Ce qui importe réellement, c'est de lâcher tout ce à quoi on persiste à se raccrocher. Notre esprit-moi et nos émotions sont des illusions dramatiques. On a certes le sentiment qu'elles sont bien réelles : mon drame, ton drame, nos disputes. Nous élaborons de savantes histoires auxquelles nous réagissons. Mais, en vérité, tout se passe dans notre esprit ! C'est l'incommensurable blague du karma. Vous pouvez rire de l'ironie de cette situation karmique ou vous pouvez vous accrocher désespérément à votre histoire personnelle : à vous de décider !

Il est indispensable d'introduire de l'humour dans tous les aspects de l'existence, même dans des circonstances positives telles que la sérénité, l'harmonie et la paix. Quand on les prend trop au sérieux, la sérénité se mue en tristesse, la paix se transforme en ennui et l'harmonie finit par manquer de naturel. Si l'on veut entretenir une harmonie, une paix et une joie authentiques, il est nécessaire de savoir trancher dans la gravité des circonstances en faisant appel au sens de l'humour.

Les mots sont impuissants à décrire l'humour. Il jaillit de notre cœur, un sourire apparaît et le rire fuse de notre gorge. Il confère une perspective et une dimension nouvelles à toutes les situations. Il s'avère aussi un excellent ami et parfois même le seul que nous ayons. Quand nous traversons des moments particulièrement difficiles, quand tout le monde nous fuit, il nous reste le sens de l'humour. Il ne faut pas prendre trop au sérieux cette vie si courte, avec sa cohorte de parents, d'époux, d'amants, d'enfants, de professions et d'argent. En fait, ce sérieux est plutôt comique. Surtout que l'on sait bien qu'en fin de compte il nous faudra tout laisser et partir, ainsi que le dit le proverbe tibétain, « comme un cheveu que l'on retire d'une motte de beurre ». On devrait consacrer le temps très bref que l'on passe en ce monde à essayer de se réveiller du sommeil de la gravité.

Est-il vraiment si utile de prendre les choses au sérieux ?

Beaucoup de choses peuvent être accomplies dans l'espace de cette brève vie humaine, par exemple comprendre sa véritable nature ainsi que celle des phénomènes. Comme il est ridicule alors de se prendre trop au sérieux quand on déambule avec un attaché-case, que l'on est au volant d'une BMW ou quand on parle à des amis au téléphone portable. À un moment donné, il faut savoir se dire : « Allez, ça suffit. » Cela ne signifie pas qu'il ne faille pas être attentif à son esprit et à ses émotions ni aborder certains problèmes et en discuter. Il faut simplement se demander si tout ce sérieux nous apporte quelque chose.

Prendre les choses avec trop de gravité peut être un terrible handicap. Le matin, avant de sortir du lit, on commence à organiser sa journée, parce que si on ne prévoit rien, on risque de rester allongé là et rien ne se fera. Alors, on sera renvoyé de son boulot, méprisé par son conjoint, tout le monde estimera que l'on fait un très mauvais pratiquant : et on sera d'accord ! Bien sûr, il est nécessaire de planifier les choses. Mais quand on prend tout trop au sérieux, on se torture l'esprit et le corps et l'on gâche une précieuse journée qui se transforme en stress, peine et confusion.

Quand on se réveille le matin, des pensées et des sensations surgissent naturellement. L'importance qu'on leur accorde ne dépend que de soi. Certains ne prennent jamais les choses au sérieux ; ils donnent même l'impression d'être un peu « défoncés ». Toutefois ce type de personnes vivent leur journée avec moins de stress mental et physique que celles qui accordent trop d'importance aux choses. Cela ne veut pas dire qu'il faut être inconséquent et irresponsable, mais que les choses sont à replacer dans une perspective plus vaste et que nous devons adopter une attitude plus positive envers la vie.

Une attitude plus positive ne signifie pas que l'on ne nourrisse que de bonnes pensées. Cela signifie ne pas tomber dans le piège qui consiste à prendre très au sérieux tout ce que l'on fait, ce que l'on entend, ce que l'on voit, ce que l'on éprouve et à se crisper sur toutes les personnes avec lesquelles on établit un lien quelconque. Moi-même, je suis fatigué d'être si sérieux ; en fait, cela m'épuise ! D'autre part, laisser tomber d'un seul coup tout ce à quoi on accorde une si grande importance ne résout pas le problème. Cela n'avance à rien. Faire preuve d'humour et d'une certaine légèreté est au contraire le seul recours valable.

Si vous vous trouvez pris au piège du sérieux, et même si c'est votre karma d'aborder toutes les situations avec gravité, vous pouvez essayer de desserrer l'étau. C'est là une forme profonde de pratique.

La pratique du sens de l'humour

Tout comme un vieil homme observe des enfants en train de jouer, il nous faut envisager les choses en dépassant la gravité avec laquelle nous les abordons d'ordinaire. Quel que soit le sérieux avec lequel les enfants s'investissent dans leurs jeux, le vieil homme s'en amuse et ne les considère pas un seul instant comme réels. Nous pouvons observer nos pensées et nos émotions de la même manière. Sans leur accorder trop d'importance, nous les considérons comme des jeux d'enfants, leur ménageant par conséquent davantage d'espace. Ainsi devrait être l'esprit d'un pratiquant.

Il n'est jamais trop tôt – ni trop tard – pour introduire de l'humour dans sa pratique. Dans *Le Trésor du dharmadhatu*, Khünkhyen Longchenpa décrit ainsi les expériences qu'il fit lorsque tous ses points de référence ordinaires furent éliminés : « Depuis que j'ai atteint cette réalisation, tous mes points de référence se sont dissipés. La base à partir de laquelle on s'attache à un « je » et à un « toi » s'est effondrée. Où est-ce « toi » et où est-ce « je » ? Qui est ami, qui est ennemi ? Dans cet état de liberté sans limites, toutes les choses s'élèvent spontanément d'elles-mêmes au moment opportun. Lorsque je regarde les autres, ils m'apparaissent comme des enfants : ils prennent pour réelles des choses qui ne le sont pas, ils prennent pour vérité ce qui ne l'est pas, ils essaient de posséder ce qui ne peut se posséder. Ha, ha, j'éclate de rire à la vue de cet étonnant spectacle[1]. »

Lorsque l'on a atteint ce stade de réalisation, on perçoit le déploiement magique des apparences au moment où elles

---

1. Ce passage est une traduction paraphrasée du texte tibétain de Longchenpa intitulé *Chos dbyings rin po che'i mdzod*, connu également sous le nom de *Chos dbyings mdzod, Le Trésor de l'espace de la réalité.*

surgissent. Essayer de les réduire en les étiquetant en termes de bien, mal, bon, mauvais, exact ou inexact apparaît alors comme un exercice incongru et dérisoire.

L'observation de l'esprit est la clé qui permet de développer un meilleur sens de l'humour, une attitude plus positive ainsi qu'une plus grande conscience de l'éphémère. Si vous comprenez que rien n'a d'existence solide, que rien n'est permanent, vous commencerez à vous sentir à l'aise avec l'inconnu. C'est alors que vous faites l'expérience de la légèreté et de la limpidité des choses telles qu'elles sont. Il est possible de vivre dans cet état d'esprit.

L'essentiel se résume à ceci : ne vous prenez pas trop au sérieux, pas plus que vos émotions. Trouvez un autre « moi » auquel vous identifier. Ce qui signifie s'identifier à sa véritable nature et non pas avoir une personnalité clivée. Vous n'accorderez plus autant d'importance à vos émotions issues de l'ego. Même si vous continuez de vaquer à vos occupations quotidiennes, l'ego ne régira pas votre vie si vous les considérez avec humour. Le lien le plus important que vous puissiez entretenir avec vous-même est un sens de l'humour qui vient du fond du cœur.

Traiter l'ego comme un clown

Imaginez que vous traitez l'ego comme un clown. Les clowns sont des personnages fascinants. Certes, ils font rire, mais ils peuvent s'avérer menaçants voire méchants. Il faut se méfier de ces pitres, parce qu'ils risquent de vous plonger dans l'embarras en vous tournant en dérision ou en vous faisant une farce. S'ils deviennent trop agressifs, vous aurez même envie de vous asseoir dans le fond de la salle, prêt à vous défendre. Les clowns vous obligent à être sur vos gardes. De la même manière, il faut exercer une grande vigilance vis-à-vis de l'ego. Sinon, ses bouffonneries risquent fort de vous abasourdir !

Un jour, alors que j'expliquais que l'ego était comparable à un clown, un homme dans l'assistance se mit très en colère. J'appris par la suite qu'il s'agissait d'un clown professionnel ; il était furieux que l'on utilise le métier de clown pour illustrer l'ego. Puisque, selon les enseignements bouddhistes, l'ego est discrédité, il avait l'impression que je méprisais les gens de sa profession, ce qui prouve qu'ils prennent eux aussi leur ego très au sérieux, au point d'en souffrir. Il participa ensuite à une cérémonie de prise de vœux de bodhisattva. Ce jour-là, parmi les nombreux noms[1] que j'avais écrits auparavant, et par un étrange concours de circonstances, lorsque vint son tour de s'avancer pour recevoir le sien, il se trouva qu'il reçut celui de « Roi du Rire ». Après cet épisode, tout se passa bien pour lui.

Lorsque l'on est contrarié, déprimé, que l'on a des problèmes de santé, il est très difficile de faire preuve d'humour. Mais ne pas prendre ces circonstances trop au sérieux est déjà un bon début. Quand on sent que l'on commence à leur accorder trop d'importance, on peut se dire : « Ça va, ça suffit ! » Faites quelque chose pour vous sortir de cet état : sautillez sur place, roulez-vous dans le sable, plongez-vous dans de l'eau froide pour vous réveiller (sans oublier d'enlever vos lunettes !). Quoi que vous décidiez de faire, essayez de vous sortir de ce carcan mental : plus vous vous

---

1. Il existe de nombreux rituels de prise de vœux de bodhisattva. Il s'agit essentiellement de faire le vœu d'atteindre l'Éveil pour le bien de tous les êtres sensibles. En général, on prend ces vœux devant un maître spirituel avec pour témoins les bouddhas. À cette occasion, un nom de bodhisattva est donné aux fidèles par le maître qui conduit la cérémonie. (*N.d.T.*)

efforcerez de lâcher prise, plus vite vous percevrez les bienfaits de cette attitude.

Comme le dit Shantideva : « Tout peut devenir plus facile grâce à la pratique. » Riez à gorge déployée et les situations se débloqueront. Vous ne serez plus alors comme le clown professionnel : drôle pour les autres mais très sérieux vis-à-vis de lui-même.

Les jeunes filles ont la grande chance de savoir pouffer de rire pour un oui pour un non. Les véritables éclats de rire, non pas les petits gloussements nerveux ou suffisants, sont un authentique massage du cœur. Ils nous aident à atteindre la joie inhérente à la vie.

Toutes les formes de gaieté, comme glousser, rire ou s'esclaffer ainsi que le font les personnes âgées en faisant tressauter leur ventre, nous permettent de ne pas prendre cette courte existence avec trop de gravité.

Le *samsara* ne s'améliorera pas

Pour aussi négatives que les choses apparaissent, comment pourrait-on s'attendre à ce qu'elles s'améliorent ? Toutes les conjonctures font partie intégrante de la roue du *samsara*. On n'échappe pas à la naissance, à la vieillesse, à la maladie et à la mort. On ne peut passer son temps à fixer son miroir en pressant ses boutons ni à se lamenter devant les signes du vieillissement. Il vaut beaucoup mieux, au contraire, faire preuve d'humour quand on traverse ces stades de la vie.

Lorsque vient la maladie, il n'y a pas lieu d'être d'humeur morose, d'en vouloir aux autres ou à soi-même. Si l'on sait préserver son sens de l'humour, on peut être malade tout en gardant sa bonne humeur. Quand vient la mort, on peut mourir en éprouvant une authentique joie, de l'humour aussi en pensant à la vie que l'on a menée, parce que l'on aura rencontré les Trois Joyaux, que l'on aura pratiqué le Dharma, et que l'on aura entraperçu la nature de l'esprit. Quand on a compris le caractère illusoire des pensées et des émotions, on sait que les prendre trop au sérieux va à l'encontre de tous ses buts.

La libération s'opère chaque fois que les pensées discursives se dissolvent réellement. Qu'elles tourbillonnent à droite ou à gauche, qu'elles montent en volutes, les pensées ne sont jamais que des pensées. La pratique et le sens de l'humour permettent de les dissoudre. Il est bien sûr merveilleux et libérateur d'aller au-delà de ces mouvements de l'esprit, mais si cela vous est impossible, le seul fait d'en nourrir l'aspiration est très positif. Avec de l'humour, les pensées discursives et les émotions en elles-mêmes sont un spectacle magnifique. On peut les apprécier de la même façon qu'un vieil homme observe avec plaisir les jeux d'enfants. C'est alors que les pensées apparaissent vraiment pour ce qu'elles sont au lieu d'être prises pour ce qu'elles ne sont pas.

C'est le but de notre pratique. Chaque étape du chemin est une quête de la vérité. On peut atteindre la vérité des choses telles qu'elles sont en les laissant se manifester dans leur liberté intrinsèque. Ainsi que le disent les textes, la méditation est bien plus riche quand elle n'est pas « fabriquée », c'est-à-dire entachée de concepts, tout comme l'eau est limpide lorsqu'on ne la remue pas, ce qui signifie laisser l'esprit tel quel.

Troisième partie

Trouver sa place dans le monde

17

ACTION ET INTENTION

La majorité d'entre nous consacre beaucoup de temps à essayer de trouver sa place dans le monde. Peut-être ne pensons-nous pas consciemment : « Que vais-je devenir ? Quel est le sens de ma vie ? Où est ma place ? » Mais à un niveau de conscience plus subtil se déroule dans notre esprit une lutte intérieure pour définir notre fonction dans la vie. Personne n'aime se dire qu'il est né juste pour grandir, vivre une vie ordinaire et mourir. Nous voulons tous trouver un sens à notre existence. Nous voulons atteindre un certain but, même si nous ne savons pas en quoi il consiste précisément. Mais si nous ignorons le sens de notre but, comment nos actes pourraient-ils corroborer nos intentions ?

Le simple fait de se maintenir en vie s'avère parfois extrêmement éprouvant. On peut se trouver dans des situations critiques où il faut tout mettre en œuvre pour survivre. Toutefois, si la survie était notre seul but, il nous suffirait de prendre exemple sur les animaux : c'est une chose qu'ils savent parfaitement faire ! Mais cela ne nous aiderait pas à trouver le véritable sens et le vrai but de la vie, pas plus que les multiples règles et conventions sociales ne suffisent à nous intégrer à la société. Si nous sommes uniquement préoccupés par les codes sociaux, il ne nous viendra jamais à l'idée de voir plus loin que le bout de notre nez et de nous poser la question du véritable but de l'existence.

Bien sûr, si l'on se place du point de vue de l'ego, lutter pour survivre et pour occuper une position élevée dans la société est notre seul objectif. Pourtant, ces combats n'apportent aucun bonheur ni aucune satisfaction durables, parce que les objectifs mêmes que se fixe l'ego – comme le pouvoir, la richesse et la célébrité – sont tributaires de contextes spécifiques.

Ainsi, la célébrité dépend de circonstances particulières telles qu'une audience enthousiaste. Mais les caprices et les fantaisies du public changent constamment en fonction de l'endroit, de la culture, du groupe social et des personnes elles-mêmes. Dans un certain contexte, on est une vedette portée aux nues, alors qu'ailleurs les talents et le statut ne signifient rien. Tenter de maintenir notre réputation n'apporte aucune liberté, aucune satisfaction pérennes.

L'objectif fondamental de l'ego est de préserver notre « identité », mais comment préserver quoi que ce soit dans un monde complexe et, de surcroît, en constant changement ? Nos pensées et nos émotions ne cessent de fluctuer. Nous sommes facilement découragés par les perpétuelles variations de nos points de référence.

Lorsque nous nous sentons ébranlés au tréfonds de nous-mêmes, nous ne savons plus que faire, nous ne discernons plus notre rôle dans le monde. Toutes les situations rencontrées nous paraissent menaçantes. C'est l'ego qui crée cette cacophonie. Pour découvrir vraiment ce que l'on est, détournons-nous de ce chaos et de ces complications !

Se simplifier la vie

La voie du Dharma nous permet de dépasser tous les combats que mène l'ego pour se conforter dans une « identité » et elle élargit notre perspective en nous ouvrant à l'altruisme. Il suffit de penser, même brièvement, à faire le bien d'autrui pour mettre un terme au tumulte de l'ego. Cette pensée réduit l'amour-propre. Cela constitue notre intention la plus profonde sur la voie du Dharma. En réduisant notre amour-propre, nous nous rendons la vie plus simple et plus facile.

Se simplifier la vie ne se résume pas à vider ses armoires et à porter toutes ses affaires à l'Armée du Salut. Cela signifie avoir une intention et un objectif précis avec lesquels nous accorderons notre façon de vivre et de penser. D'une certaine façon, il s'agit toujours d'un contexte, mais celui-ci n'est fondé ni sur l'ego ni sur son monde contingent. L'ardent désir de réduire l'amour-propre et d'aider les autres est le cadre même du Dharma. Vivre selon cette perspective permet de faire coïncider au plus près nos actes et nos intentions, ce qui simplifie incroyablement l'existence.

Vivre pleinement dans le cadre du Dharma représente un défi. Comme nous avons pris l'habitude de nous identifier à l'ego, chacun de ses échecs nous blesse profondément. Toutefois, avec le temps, les déroutes de l'amour-propre nous apporteront satisfaction et soulagement. Au fur et à mesure que nous surmontons l'ego, nous acquérons davantage de résistance car nous ne lui sommes plus soumis. La confusion et le chaos s'apaisent et nous commençons à nous détendre.

Il s'opère alors un changement radical. Les personnes au caractère dur et buté s'ouvrent et deviennent plus souples ; les orgueilleux sont d'un abord plus aimable ; les arrogants lâchent du lest et renoncent à leur morgue. Quand l'insécurité disparaît, il devient superflu de lutter ou de s'accrocher aux êtres ou aux choses. Il est inutile de prétendre être ce que l'on n'est pas. En réalité, on reprend possession de sa vie et on trouve sa véritable place dans le monde.

Parvenu à ce point, rien n'est plus merveilleux que de méditer sur le Dharma : la chance extraordinaire d'être né dans le monde des hommes, le karma, l'éphémère et la mort ainsi que la souffrance inhérente au *samsara*. On apprécie les vérités de l'existence conditionnée, et l'on goûte la liberté qu'offre le Dharma. Il en ressort naturellement un profond sentiment de compassion à l'égard des épreuves qu'endurent les êtres dans le *samsara*. Nous formons le vœu que tous ceux qui ne connaissent pas les causes de la souffrance soient libres de la souffrance. L'aspiration à œuvrer au bonheur des êtres (ou aspiration à la *bodhicitta*) naît lorsque ce souhait est profondément ancré au fond de nous.

La solitude

Lorsque tous nos efforts tendent au bien d'autrui, notre attitude et notre façon d'aborder la vie changent. Nous sommes profondément déterminés à démasquer l'amour-propre. Nous voulons réellement regarder au fond de nous-mêmes et nous rapprocher de la vérité. Notre pratique devient plus importante que le fait de courir à droite et à gauche en prétendant être quelqu'un, même un bodhisattva. Cette aspiration à la pratique et à la concentration s'exprime souvent par un désir de solitude.

Nous n'avons plus envie de voir les amis et la famille ; les choses qui habituellement nous passionnaient ne nous intéressent plus. Nous souhaitons passer davantage de temps seuls, à observer plus attentivement notre esprit et à comprendre où nous en sommes arrivés. Cela devient notre priorité et notre voie vers la liberté et la paix intérieures.

Il y a un temps pour fréquenter la société et tisser des liens avec les êtres et le monde, et il y a aussi un temps pour approfondir la pratique et développer une plus grande confiance dans les enseignements. Dans ce dernier cas, il faut rechercher un endroit calme où méditer à l'abri des distractions.

La solitude de la nature fait naître une pointe de tristesse ou de mélancolie dans l'esprit. Seul au milieu des arbres, avec le vent et les oiseaux, les fourmis et les animaux sauvages, votre réflexion s'approfondit naturellement. Au fur et à mesure que s'amplifie votre compréhension de ce qui a vraiment un sens et de ce qui n'en a pas, le sentiment de tristesse s'accroît. Vous remarquerez quelque chose de paradoxal : assis seul, l'esprit apaisé, vous vous sentez moins coupé du monde que lorsque vous êtes pris dans le tourbillon d'activités de la vie quotidienne.

Certaines personnes se sentent fortement attirées par cet étrange sentiment de mélancolie ; d'autres éprouvent l'impérieuse nécessité de le fuir au plus vite. Dans les deux cas, le point essentiel est de savoir apprécier à sa juste valeur ce sentiment latent, car il est le signe d'une intelligence plus profonde et plus vaste, d'ordinaire occultée par les distractions de la vie quotidienne. Dans les lieux solitaires, cette faculté naturelle de notre esprit surgit de l'état de quasi-léthargie dans lequel nous sommes habituellement plongés. À contempler la nature qui nous entoure, nous comprenons et apprécions vraiment toute la richesse qui s'offre à nous lorsque nous dépassons l'étroitesse de l'ego ainsi que la futilité et la folie de nos vies hyperactives.

Les multiples distractions auxquelles nous attachions tant de prix deviennent moins importantes, voire inutiles. Nous comprenons qu'au lieu de nous divertir, elles engendrent des soucis liés à la nécessité d'accumuler et d'entretenir nos possessions, et que ce cycle d'activités entrave notre intelligence. Les retraites solitaires permettent d'en faire un meilleur usage : l'intelligence est alors mise au service d'un accomplissement véritablement bénéfique en cette vie.

Demeurer quelque temps dans des lieux retirés permet à de nombreuses qualités de se manifester en brisant la carapace de l'esprit ordinaire ; toutes ces qualités émergentes indiquent clairement la source du bonheur véritable et la libération de la souffrance. Ce potentiel de paix et de liberté constitue notre droit de naissance naturel. Au fur et à mesure que notre confiance s'accroît, le Dharma devient une joie. Telle une lampe étincelante, il illumine notre esprit-moi et ce monde plein de confusion. Quel meilleur Refuge que celui-ci ?

Véritable identité, authentique but

Le but de la vie est de résoudre le problème du soi, non pas le soi égocentrique, mais ce qui constitue la vraie nature de tous les êtres sensibles. Lorsque l'on reconnaît l'authentique nature de l'esprit, pure et lumineuse, on a trouvé la véritable finalité de son existence et la réelle place que l'on occupe dans le monde.

De notre nature profonde jaillit l'incontestable but de notre vie : l'aspiration à faire le bien d'autrui. Le contexte n'a pas d'importance parce que l'on est fidèle à soi-même où que l'on soit. On ne recherche plus rien et l'on se sent donc partout chez soi. On n'est plus en quête d'une compagne ou d'un compagnon, on goûte donc la compagnie de son esprit, des maîtres de la lignée et des Trois Joyaux. On n'a plus besoin d'une relation privilégiée, parce qu'on a tissé un lien de parenté avec tous les êtres. On a trouvé le véritable but qui permet de mener une vie pleine de sens, c'est-à-dire d'œuvrer au bien de tous les êtres.

En étendant son esprit au-delà des confins de l'ego, on trouve sa place dans le monde. C'est ainsi que les actes coïncident avec les plus profondes intentions.

18

ÊTRE CONSCIENT EN ÉTAT DE VEILLE, DE SOMMEIL ET DE RÊVE

L'authentique méditation consiste à observer l'esprit. C'est notre pratique et notre voie. En examinant l'esprit pendant l'état de veille, de sommeil et de rêve, on peut répondre à d'innombrables questions.

Par exemple, pourquoi se réveille-t-on souvent avec la sensation d'être sonné, épuisé ? Bien que le jour soit clair et vierge, on a rarement l'impression d'être frais et dispos. Il en est ainsi parce que, dans notre état de rêve, on est sans cesse pris au piège de l'activité dynamique de l'esprit conceptuel.

Si l'on veut se réveiller avec l'impression d'un « premier instant de clarté », il nous faut changer notre mode de vie en société et le rapport que nous entretenons avec notre esprit. Quand on n'est plus pris au piège de la dynamique de l'illusion, on est alors aussi présent et conscient en état de veille et de sommeil, et l'on ne se réveille plus avec la sensation d'être assommé.

L'univers est en état de flux constant, mais pourquoi les choses nous apparaissent-elles si « pesantes » la plupart du temps ? Pourquoi paraissent-elles si lourdes que tout semble nous donner la nausée : les années, les mois, les semaines et les jours, nous-mêmes et les choses que l'on fait, que l'on mange et même les vêtements que l'on porte ? Ce sentiment d'ennui provient du fait de ne pas voir la limpidité de chaque instant.

Cette lourdeur surgit lorsque nous oublions qu'hier est déjà passé, qu'aujourd'hui est un jour nouveau et que tout change à chaque instant. Quand on cesse de voir la clarté du moment présent, c'est le signe que notre état d'esprit s'est obscurci.

L'état d'esprit est lié à notre comportement. Il dépend de la façon dont notre cœur s'ouvre ou se ferme quand se manifestent des sentiments de douceur, d'amertume, de bonheur ou de dépression. Nous ne sommes parfois même pas conscients de ces différents états affectifs. Ces tendances psychiques nourrissent le bavardage mental et d'innombrables émotions conflictuelles. Ce bavardage flotte à la surface de l'esprit. Il est aussi facile d'y mettre fin que de prendre un livre sur une étagère et d'en commencer la lecture. Mais l'état d'esprit sous-jacent et prédominant, le contenu émotionnel, lui, passe inaperçu.

Ainsi ai-je remarqué que beaucoup d'étudiants entrent dans la Sangha animés du sentiment de leur propre importance. Ils prennent part aux activités de la communauté, mais cet amour-propre sous-jacent colore leurs relations avec les autres, avec les enseignements et leur propre pratique. Ils se retrouvent souvent isolés ou en conflit avec les membres du groupe. Ce n'est qu'après avoir fréquenté la Sangha pendant un certain temps que cette attitude disparaît. Dès qu'un étudiant comprend clairement la cause de cet état d'esprit, il commence à apprécier la Sangha à sa juste valeur, c'est-à-dire à voir toutes les possibilités de développement qu'elle offre.

Les tendances ataviques constituent la programmation subtile de l'esprit. Elles empêchent l'émergence de tout sentiment de « réceptivité », ou d'appréciation de la réalité telle qu'elle est, et nous contraignent à tout classer dans des « dossiers » mentaux bien définis. Cela implique que l'on ne se donne même pas la peine de regarder vraiment les êtres et les choses ; on estime que l'on sait déjà de quoi il s'agit, que l'on connaît le sens et le mode de fonctionnement des choses.

Et l'on n'est même pas conscient d'avoir perdu toute curiosité et de prendre sa vie pour un fait acquis.

Une perspective nouvelle

Percevoir cet aspect clair et nouveau de la vie n'a rien à voir avec le caractère positif ou négatif des situations que nous traversons. Toutes les circonstances ne ressemblent pas à une bonne tasse de thé anglais, ce qui n'empêche pas de souhaiter qu'elles soient malgré tout clémentes. Les boxeurs qui pénètrent sur le ring ne s'attendent pas à passer un moment particulièrement agréable ; ils sont là pour s'affronter. C'est dans ce même état d'esprit qu'il faut aborder tout ce que le karma nous réserve. Cette nouvelle façon d'envisager les choses dissout les comportements répétitifs et la programmation des habitudes mentales.

L'essentiel de cette programmation – avec toutes ses informations et ses stratégies de survie – est fondé sur la peur. On nous envoie au jardin d'enfants, à l'école ou au collège, à l'université ou dans les lycées techniques pour nous apprendre à survivre dans la culture dominante. Au fur et à mesure que nous intégrons ces tactiques d'autoprotection, nous tirons des conclusions définitives sur le monde et la façon d'y évoluer. C'est ainsi que l'esprit-moi est programmé pour maintenir et renforcer nos moyens de survie.

Si l'on veut se libérer du conditionnement de cette programmation, il faut faire l'expérience de la nature de l'esprit, authentique et inchangée. La nature fondamentale de l'esprit est dotée d'une intelligence, ou sagesse discernante[1],

1. Selon le bouddhisme Mahayana et Vajrayana, on distingue quatre ou cinq Sagesses fondamentales qui se révèlent dans toute leur maturité

claire, ouverte et libre de toutes fixations mentales. Du fait même que cette intelligence, ou sagesse, n'est pas prise au piège des idées préconçues inhérentes à la programmation de l'esprit ordinaire, elle a la capacité de s'adapter à tous les changements. C'est l'esprit ouvert, curieux et réceptif que nous avions lorsque nous étions des petits enfants.

Cette réceptivité confère à nos expériences quotidiennes une étincelle de vérité fondamentale. Quand on aborde la vie telle qu'elle est, sans en manipuler les circonstances, sans le prisme des préjugés que nous avions l'habitude de projeter sur elle, on en reconnaît alors la nature primordiale. On s'éveille à une journée qui se déploie librement d'elle-même. On dispose d'un plus grand espace intérieur, parce qu'on ne s'empresse pas de tirer des conclusions préétablies sur tout ce qui va se présenter à nous ce jour-là.

Cela ne veut pas dire qu'il est impossible de vivre en société parce que l'on se consacre exclusivement à analyser l'éphémère ou à affiner la pratique de la vigilance de l'esprit. Cela signifie que cette vigilance peut s'exercer dans toutes les situations. Que l'on travaille, que l'on fasse la cuisine, que l'on marche ou que l'on soit avec des amis, on aborde toutes les circonstances dans un état de réceptivité totale. Cette attitude face à la vie nous octroie ce que nous avons tant voulu depuis toujours : une perspective nouvelle.

---

lors du plein Éveil. La sagesse discernante, ou discriminante, se manifeste après avoir transcendé le désir-attachement ; c'est l'acuité naturelle de l'esprit qui perçoit clairement la vacuité de tous les phénomènes. (*N.d.T.*)

L'étoffe des rêves

En général, le sommeil marque la fin de la journée ; on décide d'arrêter ses activités et l'on va se coucher. Sinon, on pourrait tout aussi bien poursuivre sur sa lancée parce que l'on n'entretient pas vraiment de rapport étroit avec le sommeil, outre le fait qu'il est nécessaire de dormir. C'est presque un fardeau qui pèse à certains et qui n'est pas dénué d'angoisse : « Est-ce que je vais réussir à m'endormir ou est-ce que je vais passer la nuit à me retourner dans tous les sens, à lire le journal, à éteindre et rallumer la lumière ? » Le simple fait de se diriger vers la chambre est parfois une source d'anxiété.

Notre sommeil serait différent si nous pouvions transformer notre journée, parce que l'état de sommeil s'inscrit dans la continuité diurne. Le jour, nous faisons l'expérience d'un monde extérieur en constant changement : le lever et le coucher du soleil, la lumière, les couleurs et le paysage. Bien qu'il soit impossible d'échapper aux stimulations sensorielles de la période diurne, on s'attend à ce qu'elles cessent pendant la nuit. Mais l'esprit est toujours en activité lorsque nous dormons.

Dans la phase d'endormissement, les expériences diurnes disparaissent. Nous atteignons d'un seul coup notre *alaya*, cet état inconscient exempt de pensées. Il s'agit là d'un processus naturel très important. Après le déluge mental et percepto-sensoriel que constituent nos expériences de l'état de veille, y compris les profondes expériences spirituelles, le silence qui s'opère dans l'*alaya* est un changement bénéfique. Il régénère notre métabolisme. Toute l'énergie qui est dépensée dans les processus de stimulation sensorielle est restaurée.

Nous avons tous fait cette expérience : une profonde et courte sieste dans la journée – quelques secondes ou cinq minutes au maximum – peut s'avérer beaucoup plus réparatrice qu'une longue nuit de sommeil. Demeurer dans l'état de l'*alaya* reconstitue rapidement nos énergies physique et mentale. Mais, au bout d'un certain temps, on commence à rêver, et on aborde alors un autre monde.

Les hommes n'ont pas besoin de télescopes pour découvrir d'autres univers. Le monde des rêves fonctionne selon un ensemble de règles totalement différentes de celles qui prévalent à l'état de veille. Au niveau extérieur, les perceptions sensorielles de l'univers onirique sont différentes ; au niveau intérieur, la différence se situe dans la façon dont l'esprit se relie à celles-ci.

Quand on rêve, on apparaît sous sa forme habituelle ou sous une toute autre forme : on peut voler ou bien se voir mort. On n'est plus entravé par les lois de la physique, telles que la gravité. On fait d'innombrables choses qu'il est impossible d'accomplir en état de veille ou que l'on n'aurait pas le courage d'entreprendre ; on peut également s'observer dans toutes ces situations.

Éveillé ou endormi

Les rêves sont des phénomènes spontanés, pleins d'« effets spéciaux ». On peut simplement apprécier les expériences que l'on y vit ou bien les évaluer à l'aune des critères habituels qui prévalent durant l'état de veille. Ainsi s'inquiète-t-on d'un rêve qui semble de mauvais augure, ou s'attache-t-on à un songe qui paraît favorable. Accorder trop d'importance à ses vécus oniriques, dont on connaît par ailleurs la nature illusoire, en dit long sur la façon dont on vit les différentes circonstances de l'état de veille.

Par ailleurs, les rêves peuvent s'avérer distrayants si l'on sait garder une attitude détendue et les apprécier tels qu'ils se présentent et pour ce qu'ils sont ! Plus besoin d'aller au cinéma, il suffit de s'endormir.

Que l'on soit en état de veille ou de sommeil, la nature fondamentale de l'esprit demeure la même. De ce point de vue, il n'y a pas de différence entre les songes que nous faisons lorsque nous dormons et le rêve de la vie quotidienne. Tous deux se manifestent à partir d'une base primordiale commune, qui est la véritable présence éveillée. C'est comme si l'on avait deux paires de chaussures : l'une pour le jour, l'autre pour la nuit. On apprécie les deux à part égale.

De cette base commune de la conscience éveillée s'élève la réceptivité, ou innocence, du « premier instant ». On en fait l'expérience quand on se libère de la solidité et de la rigidité de l'esprit conceptuel. C'est alors que l'univers mental s'équilibre et que l'on évolue dans la vie avec aisance et harmonie.

19

Aisance et harmonie

Il n'y a rien de plus rigide et de plus grossier qu'un individu immergé dans son amour-propre. Il n'y a en revanche rien de plus gracieux et de plus harmonieux qu'une personne qui ne l'est pas.

La grâce et l'aisance naturelles n'ont rien à voir avec le « raffinement » dans l'acception ordinaire du terme, c'est-à-dire la beauté, l'intelligence et le sens des convenances. Pas plus que cela n'implique de vouloir rester jeune à tout prix, de s'accrocher aux biens matériels ou au statut social. Cette forme de sophistication est fondée sur le sentiment exacerbé de l'importance de soi, et donc de l'attachement. Elle est le reflet des valeurs conventionnelles de la société et exige un ajustement constant de l'image de soi afin de produire les effets mondains requis. Mais un tel comportement ne résoudra jamais nos conflits intérieurs, notre rigidité et notre insécurité foncières.

Vieillir avec aisance

Les plus grands défis que nous devons affronter au cours de notre vie sont la vieillesse, la maladie et la mort. À un moment donné, nous devrons abandonner notre corps. Quels que soient nos efforts, nous ne pourrons pas retenir la jeunesse, maintenir notre bien-être, notre forme et nos capacités physiques. Si nous nous attachons à ces caractéristiques, nous nous retrouverons en situation conflictuelle lorsque nous serons aux prises avec les étapes naturelles du vieillissement, de la maladie et de la mort. Et nous perdrons tout notre temps, notre énergie et notre argent à nous débattre pour rester jeunes. Il n'y a bien entendu rien de mal à se maquiller, à prendre des vitamines, à faire de l'exercice, à moins que ce ne soit là des moyens de se raccrocher désespérément à une jeunesse qui s'enfuit. Lorsque notre esprit-moi lutte pour retenir les emblèmes de la jeunesse, notre vie perd toute aisance, toute harmonie. Il est difficile de vieillir de façon harmonieuse dans ces temps dominés par la rapidité et l'agitation. Avons-nous même une chance d'y parvenir, compte tenu de la dégénérescence de nos sociétés, de nos traditions et de l'environnement, sans parler des fluctuations constantes de notre univers émotionnel ? Comment trouver dans nos vies le temps et l'espace nécessaires à la grâce et à l'harmonie ?

La vieillesse était autrefois un temps de détente. Avec l'âge venait la liberté de se montrer sans fard et d'être naturel. Cette forme de naturel est très profonde. C'est de là que proviennent l'aisance et l'harmonie authentiques. Mais dans notre monde moderne au rythme survolté, on ne voit plus beaucoup de personnes âgées se détendre dans les lieux publics. Elles sont enfermées dans des maisons de retraite, collées devant des téléviseurs, ou bien contraintes de faire des exercices et d'accomplir toutes sortes d'activités pour se maintenir en forme le plus longtemps possible. En Europe ou à New York, on peut encore apercevoir un vieil homme ou une femme âgée regarder fixement une scène ou un paysage avec une étincelle dans les yeux, mais c'est chose rare.

Nous vivons à un rythme effréné et nous connaissons des changements plus rapides que ceux de nos parents. Il va nous être plus difficile de vieillir. Nous n'avons pas vraiment le temps ni l'espace pour vivre ce vieillissement avec grâce et équilibre. Réfléchir à cette éventualité nous donne l'occasion d'apprécier tout le sens et l'importance que représente le Dharma dans notre vie. La pratique et l'observation de l'esprit nous permettent de développer notre force intérieure et une profonde paix.

La pratique du « lâcher-prise »

Nous avons tous des attachements sur lesquels il nous faut lâcher prise : attachements extérieurs, attachements intérieurs d'ordre philosophique et psychologique, ainsi que de puissants blocages tels que faire comme si la mort n'existait pas et vouloir rester jeune coûte que coûte. Vous pensez peut-être que vous n'éprouvez pas ce genre d'attachements, mais lorsque les circonstances se présenteront, vous en serez victime comme tout le monde.

Tant que nous n'avons pas rompu nos attachements, nous ne nous préoccupons que de ce qui nous arrive. Si nous gagnons à la loterie, nous en sommes tout excités ; si quelqu'un d'autre gagne, cela nous laisse indifférents. Quand les attachements se dissipent, connaître l'identité des gagnants n'a plus vraiment d'importance. On est simplement heureux que de telles choses se produisent en ce monde. On se réjouit des réussites et des plaisirs dont bénéficient les autres au même titre que l'on apprécie le soleil, la lune, le ciel et les nuages. Personne ne les possède, personne ne se dit : « Pourquoi ne m'appartiennent-ils pas ? »

Lorsque nous ne nourrissons plus aucun sentiment d'attachement, le monde, et tout ce qu'il renferme, est le magnifique ornement qui pare notre pleine conscience.

Imaginez un roi tourmenté par les difficultés inhérentes à sa condition de monarque : les agréments, les responsabilités, les soucis et les douleurs. Il risque de se figer, de se durcir au point de ne plus être à même de jouir de son royaume, de ses magnifiques ressources naturelles et de ses superbes réalisations humaines. Mais que se passerait-il si, quelque part, un mendiant ou un ménestrel avait atteint la paix de l'esprit ? Il serait l'unique personne capable de manifester une présence éveillée, vagabondant librement à travers tout le pays en goûtant chacune de ses richesses. Peu importe donc ce que nous sommes et ce que nous possédons, la seule chose qui compte est d'abandonner nos attachements, et de dégager ainsi un espace afin que se manifeste la pleine conscience.

Pour réussir à lâcher prise, il est essentiel de comprendre que nos liens ne sont rien d'autre que la conscience éveillée elle-même, vide d'existence propre. Si vous les considérez comme des ornements qui parent l'espace de votre esprit, vous les laisserez s'élever et disparaître aisément. Si vous reconnaissez que tout se manifeste à partir de la conscience éveillée, conscience pure et insubstantielle, laissez tout ce qui surgit revenir à cette source première. De cette manière, attachements et conflits se résoudront d'eux-mêmes. Cette voie est la plus profonde qui soit pour vaincre l'attachement et comprendre le mode de fonctionnement de l'esprit.

Cette pratique très naturelle n'est pas aussi compliquée qu'il y paraît. On ne pratique pas pour se sentir bien ni pour légitimer sa vie, pas plus que pour être différent des autres ni supérieur à eux. On ne pratique pas davantage pour être respecté, pour devenir « celui qui sait », ni pour donner des leçons de vie aux autres. La pratique a pour but de nous débarrasser des conflits intérieurs, c'est-à-dire de nos multiples attachements : extérieurs et intérieurs, sans oublier celui qui nous lie à un moi « existant ».

Lâcher prise engendre une profonde simplicité. Si l'on considère les grands maîtres tels que Dilgo Khyentsé Rinpoché ou Sa Sainteté le dalaï-lama, on constate qu'il émane de leur présence une extraordinaire aisance et une puissante harmonie. Il n'y a en eux aucune gaucherie corporelle, verbale ou mentale parce qu'il n'existe plus la moindre trace d'amour-propre ou d'image de soi. Même s'il arrive à ces êtres réalisés de verser quelques gouttes de thé à côté de leur tasse, il n'y a en fait aucune maladresse dans leur comportement, parce que tout est limpide dans leur esprit.

Nous, en revanche, nous nous trouvons extrêmement embarrassés lorsque nous renversons du thé. Si nous n'étions pas si attachés aux convenances, nos tensions intérieures ne se manifesteraient pas sous forme de gaucherie et de maladresse, et nous servirions le thé avec une aisance et une élégance sans cesse renouvelées, quand bien même en renverserions-nous quelques gouttes.

Certains maîtres passent leur temps à dormir. Ce n'est pas un signe de dépression mais une expression de leur aisance et de leur harmonie intérieures. Ils ne se disent plus : « Ceci est la pratique, cela ne l'est pas. » La frontière entre le temps de la méditation et les intervalles entre les sessions (la post-méditation) est devenue totalement transparente. Leur élégance et leur aisance naturelles sont le reflet de l'esprit présent et pleinement éveillé avec lequel ils effectuent toutes choses.

La pleine conscience

Connaître la nature de son esprit est synonyme de pleine conscience. Dans cet état, on ne se débat plus entre le bien et le mal, le juste et l'injuste, la vie et la mort. On n'essaie plus de remodeler son esprit en ayant recours à la pratique du Dharma. On est dans un état de pleine conscience qui permet d'apprécier simplement la vie telle qu'elle se présente : bonne ou mauvaise, juste ou injuste, en accord ou non avec le Dharma. Le monde et les personnes qui nous entourent sont source de joie et nous évoluons avec aisance et harmonie.

Être capables de ne plus recourir à nos attachements et de reconnaître la véritable nature de notre esprit est le fruit de la pratique et de la compréhension des enseignements. Cet accomplissement se situe au-delà de toute expérience humaine ordinaire ; cela relève de l'extraordinaire. Mais nous ne sommes pas seuls sur cette voie. D'innombrables êtres l'ont empruntée avant nous et beaucoup d'autres la parcourront. Se croire exceptionnel anéantit le but même de cette voie spirituelle.

Lorsque cet état de conscience éveillée imprègne notre vie, nous éprouvons un sentiment de détente et de fermeté intérieures face aux défis de l'existence. La souplesse et l'harmonie qui accompagnent le courage sont l'aune à laquelle se mesure la maturité d'un pratiquant.

20

La créativité

Vous pensez peut-être qu'après vous être engagé dans la pratique de la méditation, vous connaîtrez le bonheur et que tout ira bien. Cela pourrait arriver ; oui, c'est possible. Cependant la plupart d'entre nous rencontreront des difficultés sur la voie du Dharma. Les biographies des grands maîtres nous enseignent qu'ils ont tous traversé des épreuves, relevé des défis et connu des déceptions. Ils ont utilisé l'adversité pour approfondir leur pratique et cet effort leur a permis de découvrir le trésor caché des ressources intérieures.

À l'image de ces maîtres qui nous ont précédés, il est inutile de se décourager lorsque l'on traverse des épreuves. Nous risquerions de perdre notre confiance et notre foi dans les Trois Joyaux ; nous risquerions même d'être démoralisés et de renoncer à approfondir notre démarche spirituelle.

Nous nous engageons dans la pratique spirituelle parce que nous comprenons l'impondérabilité du *samsara.* Nous nous rendons compte qu'au lieu du bonheur durable et de la paix auxquels nous aspirons, le cycle des existences n'engendre que douleurs. Les enseignements nous touchent parce qu'ils traitent directement du bonheur et de la souffrance, nous incitant à approfondir ces questions cruciales. Nous aspirons à développer les causes du bonheur : la motivation de la *bodhicitta*, l'esprit d'Éveil altruiste, ainsi que la dévotion au maître et aux Trois Joyaux.

Mais que faites-vous lorsque les émotions positives que vous appelez de vos vœux ne surviennent pas ? Lorsque, au lieu d'éprouver de la dévotion, vous vous sentez coupé du maître ? Que vous avez une impression de vide et de monotonie alors que vous devriez être pleinement conscient ? Qu'au lieu de vous sentir estimé, vous avez l'impression d'être ignoré ? Et qu'à la place de la sérénité, vous êtes le plus souvent en proie à une terrible agitation ?

Quand vous traversez de tels moments, vous en venez à conclure que vous ne pratiquez pas bien ou que le Dharma ne vous convient pas. Si vous poussez la réflexion plus loin, vous risquez même de douter de la bonne foi de vos compagnons sur la voie et d'estimer que tout cela n'est qu'un vaste canular. Parvenu à ce point, vous ne voyez plus aucune possibilité de dépasser ces obstacles. Pourtant, il est possible de surmonter ces problèmes en faisant preuve de créativité dans la façon d'intégrer le Dharma dans la vie quotidienne.

Utiliser nos ressources intérieures

Être créatif signifie trouver des moyens personnels pour actualiser la sagesse du Dharma et l'intégrer à notre vie. Cela implique de faire appel à notre intelligence plutôt que d'attendre que le Dharma nous transforme.

Affronter des difficultés nous contraint à mettre en œuvre des ressources intérieures jusque-là insoupçonnées. Dans les sociétés en voie de développement, les gens pourvoient à leurs besoins essentiels en faisant appel à leur ingéniosité. Si un objet est cassé, ils doivent imaginer une solution pour le réparer. Il n'y a pas, loin de là, un manuel d'utilisation pour chaque cas de figure. En Inde, dans le village où j'ai grandi, les gens ont sans cesse recours à leur imagination créatrice : on fabriquera ainsi un moulin à prières avec une cruche en plastique ; si un appareil électrique est cassé, on essaiera de trouver soi-même une solution pour le réparer. Même si le résultat s'avère parfois dangereux, on est obligé de faire appel à sa créativité et à son intelligence. Il n'y a pas d'autre façon de faire. Il en va de même quand il s'agit de trouver par soi-même le moyen d'intégrer le Dharma dans sa vie.

Cela suppose bien évidemment d'avoir compris les principes fondamentaux du Dharma. Toutefois, la manière dont nous les actualisons et les intégrons aux situations que nous traversons est essentielle. Si nous comprenons vraiment les principes de base du bouddhisme, nous pouvons faire preuve de créativité au lieu de continuer à reproduire nos schémas habituels dans nos relations avec les gens et dans notre façon d'aborder les situations. À chaque fois, demandons-nous : « Qu'est-ce qui va marcher ? Comment appliquer les enseignements au mieux et de la façon la plus bénéfique ? » Et voyez par vous-même ce qui en résulte. Faites surtout preuve de créativité lorsque vous appliquez le Dharma dans des circonstances difficiles. Lors de l'invasion des communistes chinois au Tibet, beaucoup de pratiquants furent emprisonnés et torturés, pour certains pendant vingt ans. Nombre d'entre eux ont utilisé la situation effroyable dans laquelle ils se retrouvaient pour approfondir et renforcer leur pratique. C'est là un exemple d'extrême créativité spirituelle. Lorsque vous changez d'attitude et de mode d'action – tout en veillant à ce qu'ils soient toujours en accord avec le Dharma –, vous devenez une source d'inspiration pour vous-même et pour les autres.

On m'a raconté une histoire qui s'est passée au Tibet oriental. Des soldats chinois avaient aligné des moines pour les exécuter. Au moment d'être fusillé, l'un d'eux s'est écrié : « Puissé-je prendre sur moi la souffrance de tous les êtres.

Puissé-je épuiser mon propre karma négatif et celui des autres ! » Les observateurs présents ont déclaré que ce moine n'avait manifesté aucun signe de peur et qu'il était parfaitement calme au moment de mourir. Dans les circonstances les plus critiques – même dans nos derniers instants –, nous pouvons faire appel à nos ressources intérieures. Si nous savons les mettre en œuvre dans ces moments-là, nous transformons la situation elle-même. Tel est le pouvoir de l'esprit créatif.

La connaissance innée n'est jamais entravée

La majorité d'entre nous aspire à établir un rapport étroit avec la voie spirituelle – et, en règle générale, on espère se sentir bien. Lorsque l'on se sent réellement relié à la pratique, on éprouve une excitation à laquelle on s'attache et que l'on associe à l'idée d'être « sur la bonne voie ». Toutefois, par définition, les sentiments sont éphémères et finissent par disparaître.

À l'inverse, quand la pratique est terne et laborieuse, on a l'impression d'être pris au piège de cet état d'esprit. Mais cette connaissance-là, celle-là même qui reconnaît que l'on est pris au piège, n'est, elle, jamais entravée. On a donc le choix : soit l'on s'identifie à cette connaissance innée, soit l'on s'identifie aux pensées et aux impressions fugaces.

Lorsque nous nous identifions à nos pensées et à nos sentiments, ils nous paraissent justifiés, valables, pour la seule et unique raison que ce sont les « nôtres ». S'ils sont ancrés dans l'amour-propre, même les sentiments les plus généreux, tels que réussir à établir un profond rapport avec la pratique, suffisent à nous induire en erreur.

Toutefois, notre connaissance innée, sagesse inhérente à la nature primordiale de notre esprit, ne se trompe jamais et nous permet de donner des réponses illimitées et véritablement novatrices aux situations auxquelles nous nous trouvons confrontés. C'est ainsi que nous « personnalisons » le Dharma.

Par conséquent, la prochaine fois que vous vous sentirez « coupé » du Dharma, suscitez en vous l'esprit d'Éveil altruiste. Cela vous sortira de votre égocentrisme et rétablira automatiquement un lien avec les autres. Ou bien, si vous avez l'esprit entravé par des pensées négatives, réfléchissez à la fugacité et à la rareté de la précieuse existence humaine. Ces pensées positives nourrissent la pratique. Vous pouvez également étudier les textes et plus particulièrement ceux qui traitent de la vue de la vacuité[1] ; c'est là un puissant moyen d'écarter les obstacles qui font écran à notre sagesse profonde. Enfin, si vous êtes capable de ne pas vous focaliser sur ce sentiment de « coupure », ou de distance, il s'épuisera de lui-même.

Le point essentiel est le suivant : les expériences de « coupure », ou toutes autres émotions, ne constituent pas le fond du problème.

C'est en fait la réaction à ces difficultés qui provoque la souffrance. Il ne faut jamais l'oublier. Ainsi que Tilopa, le grand Mahasiddha indien, le dit à son disciple Naropa : « Mon fils, ce ne sont pas les apparences qui te lient, mais tes réactions[2] aux apparences. Élimine donc toutes réactions ! »

---

1. La vue de la vacuité désigne de manière générale l'insubstantialité du « moi » et de tous les phénomènes, y compris la conscience. Cependant, selon les écoles philosophiques, ce terme peut avoir différentes significations. (*N.d.T.*)

2. En tibétain *zhen.pa*. Ce terme est généralement traduit par « attachement ». Toutefois, il fait non seulement référence à l'attachement, mais aussi à son aspect le plus actif, tel qu'on le trouve dans l'aversion, l'orgueil, la jalousie, etc. ; c'est pourquoi *zhen.pa* est traduit ici par « réaction ».

Un laissez-passer pour l'Éveil

Les épreuves, les défis et les déceptions que nous affrontons sur le chemin spirituel peuvent prendre la forme d'un véritable laissez-passer pour l'Éveil parce qu'ils nous montrent le mode de fonctionnement profond de notre esprit.

Les défis nous fournissent l'occasion de découvrir les multiples aspects de l'esprit susceptibles de développer la compréhension et la profondeur de notre tempérament. Une fois que nous avons acquis une connaissance intime des différentes facettes de notre caractère, nous sommes capables de compatir avec les peines et les joies d'autrui. Tant que nous n'aurons pas démystifié par la pratique de la réflexion sur soi tous les aspects de notre esprit qui nous effraient, nous estimerons toujours qu'ils nous enchaînent. Nous ne ferons jamais l'expérience de leur nature à la fois illusoire et magique. Sans ces épreuves, rien ne nous obligerait à explorer plus avant notre connaissance innée, notre authentique trésor de ressources naturelles.

Si nous savons apprécier les défis à leur juste valeur, nous aurons toujours accès à la pratique. Malgré le sentiment d'être « coupés », nous resterons toujours profondément reliés à la voie spirituelle. Nous saurons mettre à profit toutes les situations qui se présentent, de la même façon que l'on fait un moulin à prières à partir d'une cruche en plastique.

Dynamiser notre pratique

Le Dharma fournit les outils pour faire preuve de créativité. Mais innover au sein de sa pratique exige du temps et des efforts. Cela prend du temps de s'asseoir patiemment face à son esprit-moi. Et l'idée de faire des efforts dans un but spirituel n'est pas une notion très répandue ; on préférerait que les transformations s'opèrent d'elles-mêmes. On aimerait pouvoir se dire qu'avec une pratique assidue nos conflits et notre confusion se résoudront d'eux-mêmes. Mais comment un changement pourrait-il se produire si nous n'ouvrons pas totalement notre esprit et si nous ne nous engageons pas de tout notre être ?

À moins d'être totalement réceptifs et pleinement conscients, les bénédictions de la pratique ne nous atteindront pas et rien ne changera. Si notre esprit est ouvert au Dharma et réellement engagé dans la voie, nous pouvons l'intégrer à notre vie de multiples façons, plus créatives les unes que les autres. Une telle disposition d'esprit dynamise notre pratique et lui insuffle vie.

21

D'IMMENSES POSSIBILITÉS

L'intérêt fondamental de l'esprit et du monde phénoménal tient à ce que ni l'un ni l'autre n'ont d'existence réelle et solide. Parce qu'ils sont interdépendants, et donc vides d'existence propre, le monde et l'esprit sont souples et les possibilités créatrices immenses. La clé de cette compréhension est la vacuité. Lorsque l'on comprend que rien n'a d'existence solide, que rien n'est immuable, la vie et la mort ne semblent plus aussi menaçantes. D'une certaine façon, elles apparaissent comme une promenade dans un parc d'attractions.

C'est là un enseignement crucial qui montre que l'ignorance est notre plus grand obstacle. En effet, l'ignorance nous induit à considérer que les choses sont solides, permanentes et statiques, alors qu'elles ne le sont pas. Néanmoins, nous pensons que nous n'avons d'autres choix que d'endurer la maturation de nos semences, ou graines karmiques, et la reproduction des mondes de souffrance qu'elles engendrent. Nous oublions que les semences et les tendances de l'esprit peuvent être purifiées par le Dharma.

Lorsque le Dharma vainc l'ignorance, nous ne sommes plus soumis à nos tendances habituelles et aucun karma n'est plus jamais produit. Notre esprit s'ouvre à son espace primordial et y laisse pénétrer le monde : celui-ci fait alors partie intégrante de l'esprit, qui lui-même fait partie intégrante du monde phénoménal ; et l'on est très proche de l'expérience essentielle qui consiste à vivre l'univers et l'esprit comme ne faisant qu'un.

Lorsque l'on prend conscience de la plénitude intrinsèque de l'esprit et du monde, on comprend la puissance exceptionnelle de ces derniers et le potentiel illimité des activités éveillées. Celles-ci, uniquement fondées sur la compassion, font appel aux pouvoirs de l'esprit éveillé capable de libérer les êtres pris dans d'extrêmes souffrances, de connaître précisément l'intensité de leurs tourments, et de dissiper les conceptions erronées sur lesquelles ils s'enracinent. Il nous revient de comprendre et de mettre en œuvre cet immense pouvoir.

Magie, pouvoir et bénédictions

Le pouvoir de la conscience pleinement éveillée ne se manifeste pas nécessairement sous la forme d'un déploiement de miracles extraordinaires. Même si c'était le cas, quel en serait le sens, s'ils n'avaient aucun effet sur les souffrances de l'esprit-moi ? Le monde en lui-même est pure magie. Dans un ciel d'un bleu limpide, des nuages s'amoncellent soudain, le tonnerre gronde, les éclairs zèbrent l'espace et, de la pure vacuité, la pluie tombe. Mais nous ne voyons là aucune magie et pensons qu'il s'agit d'une condition climatique banale. De la même façon, si un être éveillé accomplit un exploit extraordinaire mais que l'esprit-moi n'est pas suffisamment ouvert pour le percevoir, cet acte ne nous affectera pas plus qu'un changement météorologique.

On ne peut recevoir les bénédictions des bouddhas et des bodhisattvas que si l'égocentrisme se dissipe. Si nous nous engageons avec tout le potentiel de notre esprit, le pouvoir de ces bénédictions peut agir sur notre esprit et sur les événements. Ainsi, d'une minute à l'autre, on passera d'un état d'esprit totalement négatif à un autre où les choses paraissent plus saines et plus positives. De même, des situations qui semblent, au premier abord, désastreuses peuvent nous aider à comprendre le fonctionnement de notre esprit et notre véritable nature.

Si nous sommes animés d'une authentique foi et d'une totale confiance, nous prenons conscience que l'esprit éveillé des bouddhas des dix directions comprend l'intégralité de l'univers. Il est capable de pénétrer tous les aspects du monde phénoménal. De plus, grâce à une variété de moyens habiles[1], leur esprit d'Éveil se dépense sans compter et de façon incessante pour le bien des êtres sensibles. Parce que leur esprit éveillé n'est pas limité par l'ignorance, il agit sans efforts : l'éternité peut devenir une fraction de seconde et vice versa. Lorsque notre esprit commence à s'ouvrir – et malgré tous les germes de l'incompréhension –, il nous est possible de nous abandonner en totale confiance à cette vue plus vaste.

Quand nous faisons l'expérience du monde à ce niveau-là, ce que les autres pensent ou disent de nous n'a plus aucune importance. Nous savons parfaitement ce que nous faisons en ce monde. Même seuls dans une grotte, avec pour seule nourriture une soupe aux orties[2], nous nous sentons en parfaite communion avec l'immensité et la richesse du

---

1. L'expression « moyen habile », ou « méthode », désigne les différents moyens, tels que récitation de mantras, visualisation de déités et rituels divers, utilisés pour guider les êtres à la libération. (*N.d.T.*)

2. Allusion à Milarepa qui, au cours de ses nombreuses années d'ascèse où il vécut seul dans des grottes, ne mangea bien souvent que des orties (au point que sa peau en devint verte). (*N.d.T.*)

monde et avec tous les êtres qu'il contient, ainsi qu'avec les autres univers au-delà du nôtre. Nous nous sentons reliés au passé tout autant qu'au futur et au présent. Comprendre l'interrelation de toutes choses nous ouvre totalement à la vie et nous permet de connaître un extraordinaire sentiment d'aisance et de liberté à l'égard du monde phénoménal. Mais cette ouverture exige confiance et foi.

À tous les niveaux de la pratique, il est essentiel d'avoir confiance et foi en soi-même.

Vous avez tant de chance d'avoir été introduit aux Trois Joyaux, aux bouddhas, aux bodhisattvas et aux grands maîtres. Combien d'êtres ont entendu prononcer le nom du Bouddha Shakyamouni ? Très peu. Combien ont entendu parler de Manjushri, Avalokiteshvara, Vajrapani, Gourou Rinpoché ou Tara[1] ? Il faut avoir accumulé des siècles de mérites pour entendre ne serait-ce que leurs noms, sans

1. Le Bouddha Shakyamouni est le Bouddha historique de notre temps ; il naquit dans le clan noble des Shakya. Le nom Shakyamouni signifie « le Sage des Shakya ». Manjushri est le bodhisattva de la Sagesse et est considéré comme l'un des Huit Fils proches du Bouddha. Il brandit l'épée de la Sagesse qui tranche l'Ignorance. Avalokiteshvara est le Bouddha de la Compassion qui compte également parmi les Huit Fils proches du Bouddha. Il est très révéré au Tibet, qui est placé sous sa protection. Vajrapani est l'incarnation du pouvoir de l'Éveil, le plus souvent représenté sous une forme courroucée qui symbolise l'aspect direct et infaillible de la compassion éveillée. Gourou Rinpoché, qui est également connu sous le nom de Gourou Padmasambhava, est le grand maître qui implanta les profonds enseignements des Neuf Véhicules (*yana*) du bouddhisme au Tibet aux VIII-IXe siècles. Il est donc le maître le plus important de tout le bouddhisme tibétain. Tara est l'incarnation féminine de la Compassion ; elle est souvent considérée comme la mère de tous les bouddhas. C'est un bodhisattva renommé pour accéder rapidement aux requêtes de tous les fidèles qui font appel à elle.

parler de se familiariser et d'établir un lien avec l'un de ces éveillés. Rien ne serait plus triste que d'avoir cette chance inestimable, de ne pas être capable de l'apprécier à sa juste valeur et de manquer de confiance dans le Dharma. Aussi, je vous supplie de tirer le meilleur parti de cette chance. Vous en retirerez d'extraordinaires bienfaits.

Reconquérir notre héritage

Pour nous résumer, disons que le fruit de la voie du Dharma est d'actualiser nos grandes potentialités. Comme si nous étions un prince ou une princesse qui, au terme d'un temps infini passé sur les chemins à souffrir de l'errance, de la pauvreté, de la faim et de la soif sous des climats éprouvants, découvrait enfin son royaume.

Vous êtes ce prince ou cette princesse, issu d'une lignée de monarques qui a servi des millions d'êtres. Vous pouvez saisir cette précieuse chance de reconquérir votre royaume. Afin d'y parvenir réellement, il vous faut tout d'abord prendre conscience de la puissance et de la valeur de votre héritage. Puis, suppliez de tout votre cœur que l'ignorance se dissipe, que l'acuité de l'esprit et l'intelligence s'aiguisent. En intégrant pleinement en vous-même l'esprit, les qualités et le courage des maîtres de la lignée du Bouddha, vous atteindrez l'Éveil. Il n'est pas si lointain. À la différence du *samsara*, il ne dépend pas de causes et de conditions. Il demeure toujours présent en vous.

Je vous en prie, prenez mes mots à cœur et réfléchissez à leur sens. Le Bouddha a dit : « Examinez mes paroles comme un orfèvre examine l'or. Ne les acceptez pas simplement parce qu'elles viennent de moi. » Analysez cet enseignement non pas avec un sentiment d'obligation ni de suspicion, mais avec un esprit ouvert. Si dans ce livre quelque chose résonne en vous, donne un sens à votre vie et lui apporte un bienfait, mettez-le en application avec la créativité dont nous venons de parler. Je serais si heureux d'avoir pu apporter un élément bénéfique dans votre vie. C'est mon unique intention.

La dernière fois que j'ai parlé avec mon maître-racine, Dilgo Khyentsé Rinpoché, il m'a dit : « Efforce-toi de donner aux autres tous les enseignements que tu pourras. Tu auras réussi à te rendre utile et tu n'auras pas gaspillé ta vie. » Aussi, j'aimerais que vous intégriez dans votre cœur, au plus profond de vous-même, ce qui vous touche le plus particulièrement. Il n'est pas nécessaire de tout comprendre ni de tout assimiler immédiatement, mais les points que vous déciderez de mettre en œuvre et de méditer opéreront sans nul doute un changement dans votre vie.

Le potentiel de l'Éveil est universel et présent en chacun de nous. Votre persévérance et votre réalisation spirituelles apporteront d'authentiques bénéfices. Afin que vos efforts portent leurs fruits, vous devez prendre votre vie en main et analyser votre esprit et vos expériences.

À ce titre, personne ne peut être plus généreux à votre égard que vous-même. Personne ne peut avoir un plus grand impact sur vous que vous-même, c'est-à-dire que vous seul êtes en mesure de tout mettre en œuvre pour votre bien. Le Bouddha a dit : « Je vous ai montré la voie de la libération. Il n'appartient qu'à vous de la suivre. » C'est la vérité. Si vous ne prenez pas vraiment votre vie en main, les bouddhas eux-mêmes n'y pourront rien. C'est à vous de jouer !

Remerciements

J'adresse ma plus sincère gratitude à tous ceux qui m'ont aidé à réaliser ce livre. Je remercie ma femme, Elizabeth, qui a veillé de tout son cœur à ce que le suivi du raisonnement et du contenu de ce texte soit toujours en accord avec mon intention. Je remercie plus particulièrement Helen Berliner qui a traité ce projet avec beaucoup d'attention et de considération. Je lui suis reconnaissant de son acuité, de sa clarté et de sa remarquable maîtrise de la langue anglaise. Je remercie aussi Sasha Meryerowitz et Vern Mizner qui ont consacré tant de temps à l'élaboration de cet ouvrage pour lequel ils ont généreusement partagé leurs connaissances et leur sérieux. Je suis également reconnaissant aux transcripteurs de Mangala Shri Bhuti qui ont travaillé sans relâche lors des phases initiales de ce projet. Je tiens aussi à remercier Emily Bower des éditions Shambhala qui a porté une grande attention au manuscrit lors des différentes relectures. J'ai également apprécié la précision de la correction d'épreuves de Tracy Davis et la magnifique traduction de la supplique réalisée par John Canti. La traductrice tient tout particulièrement à remercier Matthieu Ricard qui a permis la réalisation de cet ouvrage en français, ainsi que Gérard Godet pour ses précieuses suggestions. Elle remercie également de tout cœur Isabelle Pastor, son mari Gérard, et sa sœur Martine Eustache qui ont, par leur lecture attentive, considérablement contribué à améliorer l'état de la traduction.

Lectures complémentaires

Khunu Rinpoché, *Vast as the Heavens, Deep as the Sea : Verses in Praise of Bodhicitta*, Boston, Wisdom Publications, 1998.

Dilgo Khyentsé Rinpoché, *Audace et Compassion*, Saint-Léon-sur-Vézère, Padmakara, 1991.

Dilgo Khyentsé Rinpoché, *Le Trésor du cœur des êtres éveillés*, Paris, Le Seuil, 1992.

Patrul Rinpoché, *Le Chemin de la Grande Perfection*, Saint-Léon-sur-Vézère, Padmakara, 1987.

Matthieu Ricard, *Plaidoyer pour le bonheur*, Paris, NiL, 2003.

Chögyam Trungpa Rinpoché, *Training the Mind and Cultivating Loving-Kindness*, Boston, Shambhala Publications, 1993.

Les centres de Mangala Shri Bhuti

Mangala Shri Bhuti est une organisation bouddhiste tibétaine à but non lucratif, dirigée par le Vénérable Dzigar Kongtrül Rinpoché. Mangala Shri Bhuti propose des programmes d'études sur le bouddhisme tibétain, allant du niveau préliminaire aux niveaux supérieurs et animés par Dzigar Kongtrül Rinpoché et d'autres maîtres de la lignée.

Le bonheur est entre vos mains (en anglais, *It's Up to You*) a été rédigé à partir des enseignements hebdomadaires de Dzigar Kongtrül Rinpoché.

Il est possible de les écouter en Podcast sur le site web ou par téléphone. On peut également commander les enseignements enregistrés de Dzigar Kongtrül Rinpoché, appelés « Rinpoche's Personal Link », et les conférences publiques sur CD standard ou MP3. Pour obtenir plus d'informations, rendez-vous sur le site dont l'adresse figure ci-dessous. Vous y trouverez également le programme des enseignements de Dzigar Kongtrül Rinpoché.

Vous pouvez nous contacter par courrier
aux adresses suivantes :

Dans le Colorado :
Mangala Shri Bhuti
P.O.Box 4088
Boulder, CO 80306

Etats-Unis
(303) 459-0184

Dans le Vermont :
Pema Ösel Do Ngak Chöling
Study, Contemplation and Meditation Center
322 Eastman Crosscroad
Vershire, VT 05079
États-Unis
(802) 333-4521

Sur le site Internet :
www.mangalashribhuti.org

TABLE

DEUXIÈME PARTIE
L'intrépidité de l'observation de l'esprit